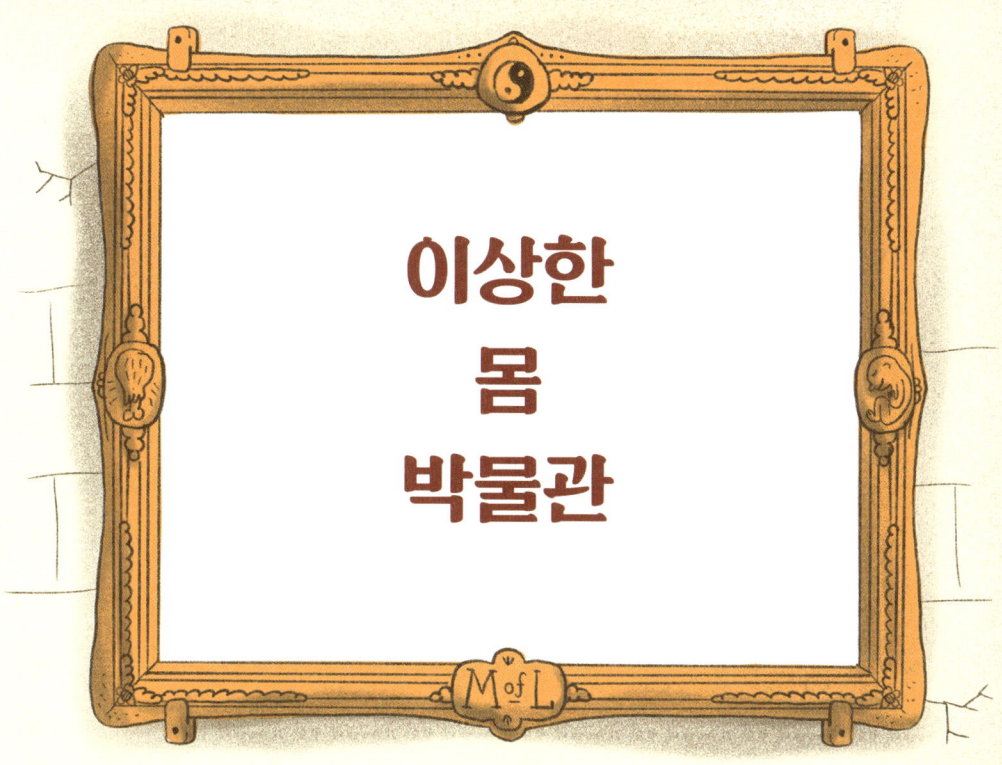

글
레이철 폴리퀸

그림
클레이턴 핸머

옮김
조은영

이상한 몸 박물관

이토록 오싹하고 멋진
우리 몸에 오신 것을 환영합니다

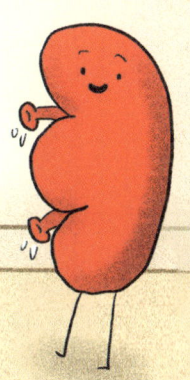

동녘주니어

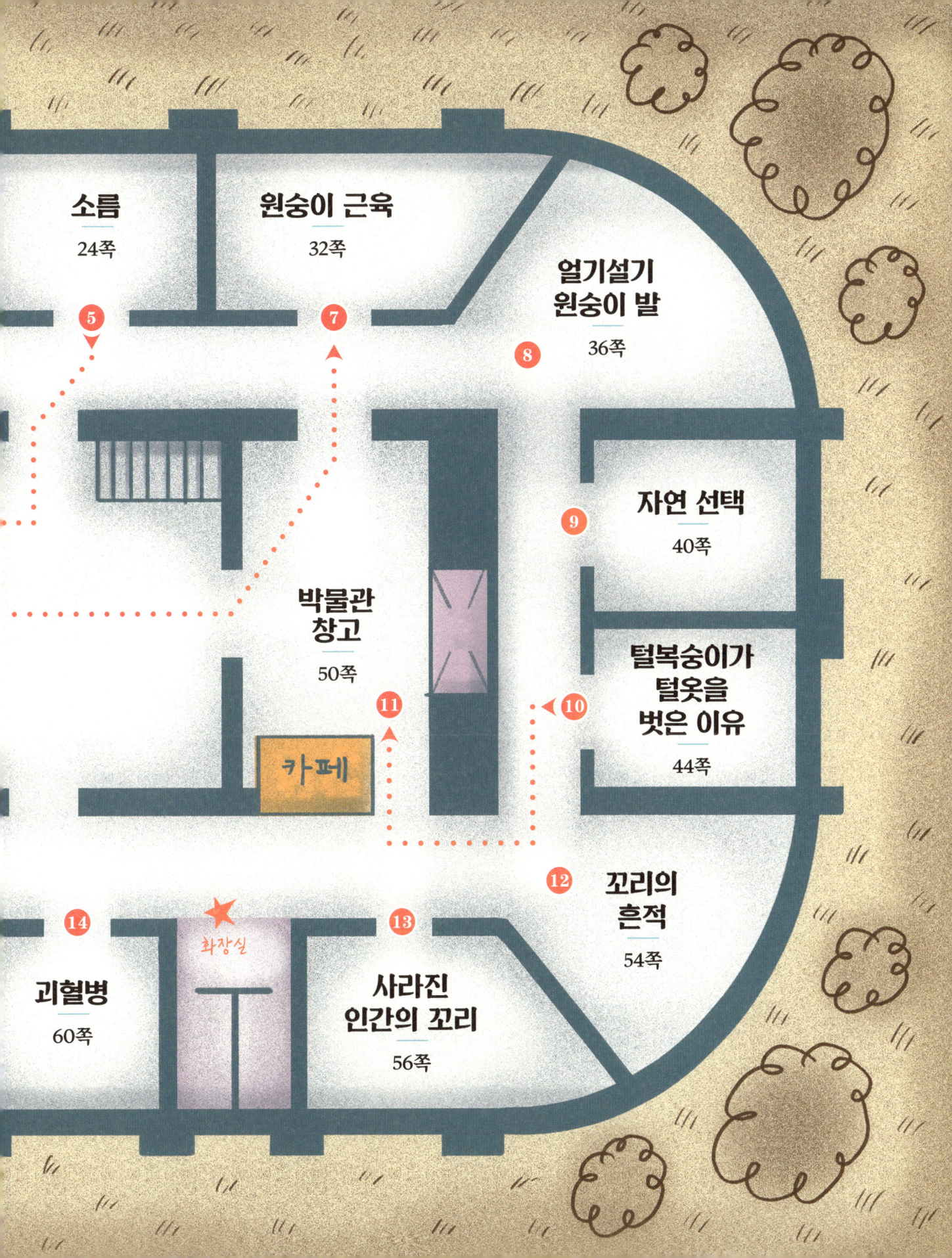

이상한 몸 박물관에 방문한 친구들, 안녕! 이곳까지 정말 잘 왔어. 너희들한테 해 줄 얘기가 아주 많거든. 인간의 몸이 얼마나 멋지고 강인한지 잘 알고 있지? 달리기와 점프도 잘하고, 춤 솜씨는 또 얼마나 좋은지! 눈, 코, 입은 물론이고 심장과 허파도 있고 커다란 머리로는 복잡한 생각도 할 수 있지. 정말 대단한 몸이야.

이상한 몸 박물관에서는 저런 훌륭한 몸을 이야기하지 않아. 이곳에는 너희들의 몸 중에서도 '쓸모없는' 부분을 전시해 놓았어. 쓸모없는 부분이라고 말한 거 맞아. 망가지고 쪼그라들어서 아무도 쓰지 않거나 아무 일도 하지 않고 아니면 문제만 일으키는 신체 부위 말이야. 곧 알게 되겠지만 생각보다 너희들 몸에 그런 부위가 많거든.

사실, 나도 그중 하나야. 난 그냥 치아가 아니라 사랑니야. 영어로는 '지혜의 치아'라고도 하지. 그만큼 똑똑하고 튼튼해. 물론 어떨 때는 입속에서 문제를 일으켜서 치과 의사가 날 뽑아내기도 하지만 그렇다고 내가 하찮다고 생각하지는 말아 줘. 내가 없어도 너희들은 오래오래 행복하게 잘 살겠지만 나한테도 중요한 역할이 있거든. 버려지듯 남겨지긴 했어도 우리 모두 한때 없어서는 안 되는 존재였고 또 멋진 일을 했기 때문에 과학자들이 우리한테 '흔적 기관'이라는 특별한 이름을 붙여 줬어.

흔적 기관이란?
아주아주 근사한 신체 부위

흔적 기관이란 이제는 대부분 ~~쓸모가 없어졌지만~~ 매력적이지만, 한때는 너희들 조상에게 없어서는 안 되었던 중요한 신체 부위를 말해. 한 생물이 먹이를 바꾸거나 전혀 다른 환경에서 살게 되면 생활 방식이 달라지면서 어떤 신체 부위는 더 이상 필요하지 않게 될 때가 있어. 더 이상 사용하지 않는 부위는 몸에서 완전히 사라지거나, 아니면 ~~쪼그라들었거나~~ 똑똑하거나, ~~결함이 있거나~~ 흥미진진하거나, ~~망가졌거나~~ 아름답거나, 또는 아주 ~~이상한~~ 멋진 상태로 수백만 년 동안 남아 있기도 해.

흔적 기관이 왜 그렇게 중요하느냐고? 흔적 기관은 너희가 어떤 과정을 거쳐서 인간이 되었는지 알려 주거든. 지구에 사는 모든 인간이 어떻게 두 개의 다리와 두 개의 팔과 열 개의 손가락과 풍성한 머리카락을 지니고 개, 뱀, 야자나무와는 다른 생물이 되었는지 보여 준단다.

인간이 세상에 처음부터 있었던 건 아니야. 몇백만 년 전만 해도 지금의 인간은 아예 존재하지 않았어.

대신 몸에 털이 수북하고 사랑스러운 이빨이 있는 너희 조상들이 이 땅에 살았단다. 그보다 훨씬 전에는 도마뱀처럼 네발로 돌아다녔고. 더 옛날로 거슬러 올라가 4억 년 전에는 너희 모두가 바다에 사는 물고기였어. 신기하지?

　우리 같은 흔적 기관이 어떻게 그런 옛 이야기를 다 아느냐고? 정말 좋은 질문이야!

　지금부터 그 대답을 해 주려고 해. 이 이상한 몸 박물관에는 인간의 조상이 인간이 되기 훨씬 전부터 인간의 몸에 있었지만 지금은 퇴화해서 흔적만 남은 기관들이 전시되어 있어.

　나 사랑니는 믿음직한 안내자가 되어 너희들과 함께 박물관 구석구석을 돌아보며 과거로 시간 여행을 떠날 거야. 이 박물관에서 너희들은 소름이나 손가락 주름 같은, 다른 멋진 흔적 기관과 괴혈병 같은 것들을 만나게 될 거야. 수백, 수천, 수억 년 전에 살았던 너희의 아주 오래된 친척들도 소개해 줄게.

　이 박물관에서 너희들이 보고 배울 게 정말 많아. 얼른 출발해 볼까? 일분일초가 아까워!

세포 하나짜리 생명체
원핵생물 작지만 살아 있음!
• 38억 년 전

생명체가 나타나기 전

인류가 탄생하기까지

먼저 너희들의 친척을 소개할게. 태초 고대 바다에는 작은 세포 하나로 이루어진 아주아주 작은 생명체가 떠다니고 있었어. 사실 그 옛날 지구에는 생명체라고 부를 만한 것이 별로 없었지. 그러다가 약 30억 년 전부터 세상이 크게 달라지기 시작했어. 바다에 해파리나 해면, 해삼 같은 동물이 나타난 거야. 다음으로 물고기 시대가 왔어. 그러고 나서 도롱뇽, 도마뱀, 이구아나–오소리의 잡종, 나무두더지, 원숭이, 유인원 그리고 마침내 호모 사피엔스가 나타났어. 참, 호모 사피엔스는 너희들의 학명이야. 학명은 모든 나라 사람들이 함께 쓰는 공식적인 이름을 말해. 아무튼 이런 긴 역사를 거쳐서 인간이 탄생했어. 해파리에서 인간까지 한 5억 년쯤 걸렸지.

8억 년 전

7억 년 전

해파리
자포동물 눈! 움직임!
• 6억 년 전

6억 년 전

엔텔로그나투스 *Entelognathus*
턱
• 4억 1900만 년 전

하이쿠이크티스 *Haikouichthys*
척추
• 5억 3500만 년 전

4억 년 전

5억 년 전

다른 물고기는 이쪽으로

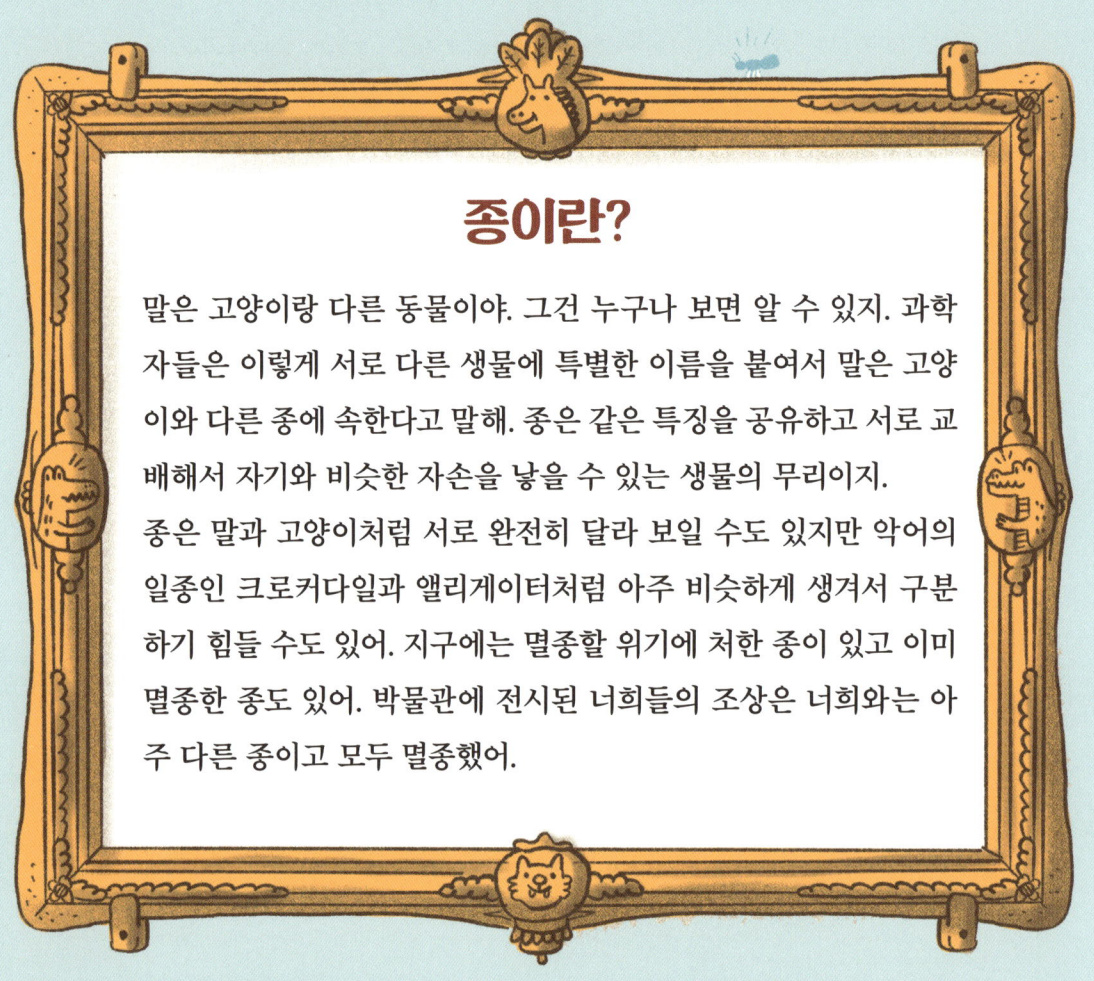

종이란?

말은 고양이랑 다른 동물이야. 그건 누구나 보면 알 수 있지. 과학자들은 이렇게 서로 다른 생물에 특별한 이름을 붙여서 말은 고양이와 다른 종에 속한다고 말해. 종은 같은 특징을 공유하고 서로 교배해서 자기와 비슷한 자손을 낳을 수 있는 생물의 무리이지.

종은 말과 고양이처럼 서로 완전히 달라 보일 수도 있지만 악어의 일종인 크로커다일과 앨리게이터처럼 아주 비슷하게 생겨서 구분하기 힘들 수도 있어. 지구에는 멸종할 위기에 처한 종이 있고 이미 멸종한 종도 있어. 박물관에 전시된 너희들의 조상은 너희와는 아주 다른 종이고 모두 멸종했어.

이렇게 길고 복잡한 이야기를 과학자들은 진화라고 불러. 진화는 지렁이, 공룡, 오이, 비둘기, 인간까지 지구에 살았던 모든 생물이 어떻게 생겨났는지를 설명하지. 어느 날 세상에 갑자기 비둘기가 '짠' 하고 나타난 건 아니거든. 그건 지렁이나 사람도 마찬가지야. 사람은, 사람과 닮았지만 사람이 아닌 다른 생물에서 진화했어. 그 생물도 자기와 많이 닮았지만 그 생물이 아닌 다른 생물에서 진화했고. 그렇게 수백, 수천, 수억 년 동안 여기저기 조금씩 몸이 달라지면서 자기가 사는 환경에서 좀 더 잘 살 수 있는 생물이 된 거야.

몸에 생긴 작은 변화가 수백만 년 동안 계속해서 쌓이면 생물은 결국 자기 조상과 전혀 다른 모습이 돼. 그렇게 새로운 종류의 생물이 탄생하는 큰 변화가 바로 진화야. 그 새로운 종류의 생물이 바로 새로운 종이 되는 것이고. 하지만 그 종도 오랜 시간 동안 계속해서 여기저기 조금씩 변하다 보면 언젠가는 또 전혀 다른 모습의 생물이 될 거야.

지금까지 들려준 이야기가 진화에 대한 공식적인 설명이야. 모든 과학책에서 진화를 이렇게 설명하지. 학교에서도 생물 수업 시간에 선생님이 그렇게 가르쳐 주실 거야.

하지만 지금부터 너희들에게 진화의 어두운 뒷이야기를 들려줄게. 별로 아름답지도 않고 영광스러운 승리를 그린 이야기도 아니지만 본래 무슨 일이든 뒷이야기가 더 재미있는 법이지. 이 이야기의 주인공은 바로 우리, 흔적 기관의 이야기야. 진화가 망가뜨리고, 모습을 바꿔 놓고, 기억에서 지우고, 사라지게 만든 이야기. 어떤 이야기인지 궁금해 죽겠지? 자, 그럼 이쪽으로 잘 따라와 봐!

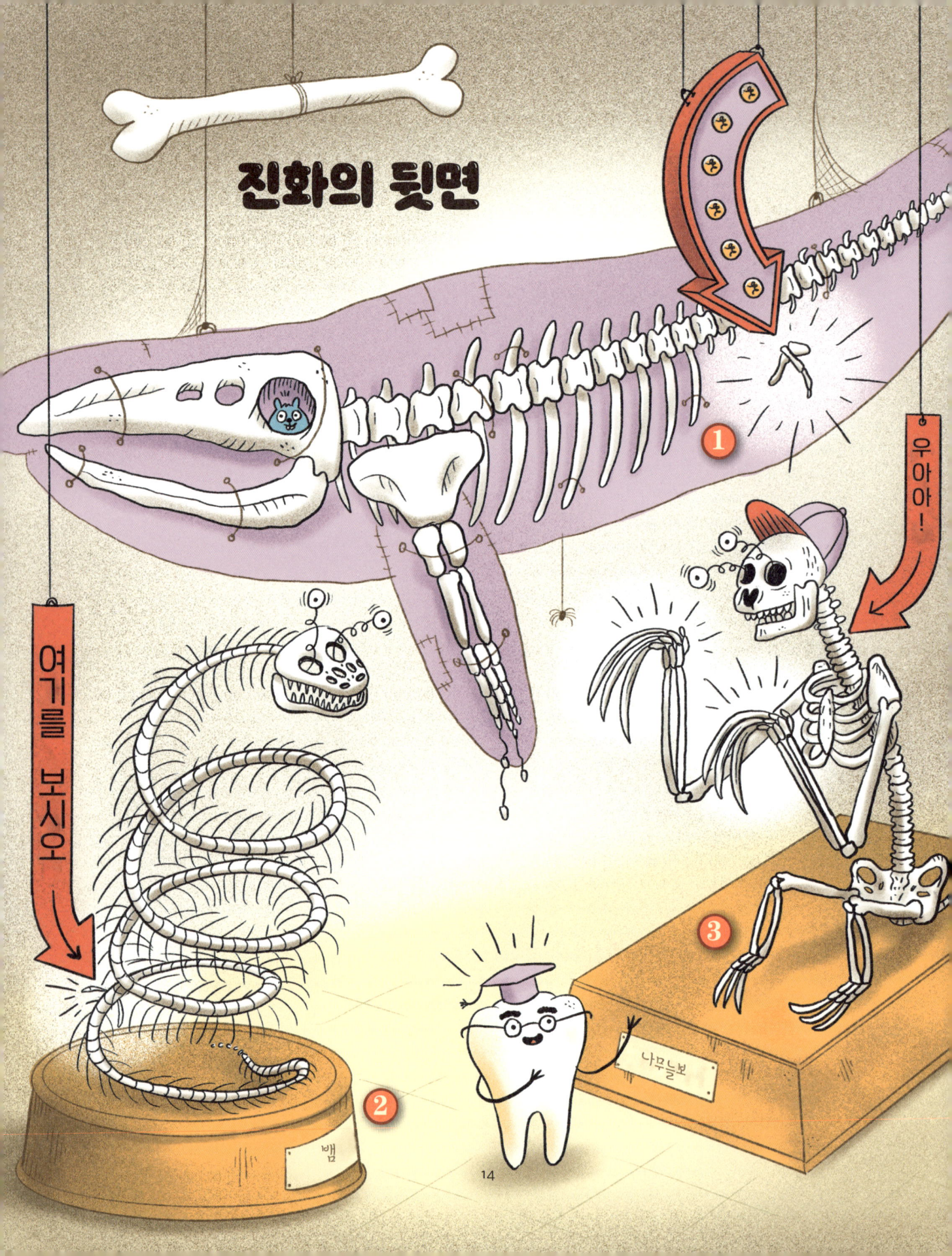

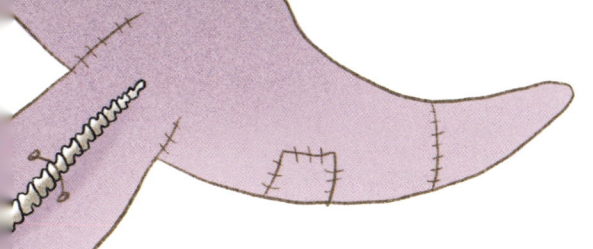

① 고래: 대왕고래가 나타나기 수백만 년 전에 고래의 조상은 육지에서 네 발로 걸었어. 그때 사용했던 골반이 아직 고래의 몸에 남아 있고 심지어 조그만 다리뼈도 있어.

② 뱀: 작은 혹처럼 생기긴 했지만 왕뱀과 비단뱀의 몸에는 작은 뒷다리가 남아 있기도 해. 고대 조상이 네 발로 돌아다녔던 흔적이지.

③ 나무늘보: 세발가락나무늘보는 양손에 손가락이 각각 세 개씩 있어. 하지만 세발가락나무늘보 조상의 손가락은 다섯 개였다는 걸 보여 주는 여분의 뼈가 남아 있지.

과학책에서는 언제나 진화를 새로운 종과 재주와 생활 방식이 탄생하는 멋진 과정으로 그려 왔어. 하지만 그 뒤에는 음울한 뒷이야기가 있지.

한 생물이 새로운 종으로 진화하는 건 대부분 전과 다른 행동을 하거나 사는 환경이 달라졌기 때문이야. 딱딱한 견과를 먹기 시작했거나 밤에 날씨가 추워졌을 수도 있어. 수백만 년간 이런 변화에서 살아남다 보면 그 자손은 모습이 아주 달라져 있겠지. 단단한 견과 껍데기를 잘 부술 수 있게 이빨이 커졌거나 털이 많아져서 추운 날씨에도 따뜻하게 지낼 수 있게 된 것처럼 말이야.

과학자들은 몸의 이런 특징을 형질이라고 불러. 큰 이빨과 털이 많은 가죽은 달라진 세상에서 동물이 더 오랫동안 행복하게 살아가게 도와주는 형질인 거야.

하지만 그 동물이 전에 가졌던 형질은 어떻게 될까? 더운 기후에서 몸의 열을 식히는 데 썼던 커다란 귀나, 견과가 아닌 개미를 핥아먹을 때 썼던 긴 혀 같은 것들 말이야. 그 형질들은 어떻게 되었을까? 이게 바로 진화의 어두운 뒷면이야.

운 좋게 과거의 형질이 새로운 쓸모를 찾을 수도 있어. 커다란 귀를 추운 날씨에 담요처럼 덮게 될 지도 모르지. 하지만 어떤 형질은 언제 세상에 존재했었느냐는 듯 유령처럼 자취를 감춰 버려. 우리처럼 남아 있는 것들도 있고. 물론 우리도 시간이 더 지나면 사라질지도 몰라. 그때까지 아무것도 하지 않고 그냥 몸에 달려 있겠지. 할 일이 없다는 게 썩 기분 좋지는 않아. 나도 쓸모 있고 싶거든. 하지만 너희들이 찾아왔으니 우리 이야기를 들려줄게.

자, 그럼 첫 번째 방으로 갈까?

사랑니

솔직하게 말할게. 이빨은 정말 멋진 도구야. 큰 이빨, 날카로운 이빨, 뾰족한 이빨, 평평한 이빨, 음식을 자르는 이빨, 씹는 이빨 등 크기와 모양이 각양각색이지. 모두 아주 아름답고 튼튼해. 동물이 먹고 싶은 것을 무엇이든지 물고, 자르고, 뜯고, 씹을 수 있게 도와준단다.

①
코끼리 *Loxodonta africana*
질긴 식물을 씹어 먹는 커다란 어금니.

②
사자 *Panthera leo*
살점을 찢어 먹는 길고 뾰족한 송곳니.

③
비버 *Castor canadensis*
자르는 용도의 날카로운 앞니. 씹는 용도의 어금니.

지금 너희들은 이가 모두 몇 개야? 치아의 개수는 나이에 따라 달라져. 갓난아기는 이가 하나도 없어. 그리고 다섯 살이 되기 전에 20개 정도의 예쁜 이가 자라지. 어렸을 때 사용하는 이 치아를 유치 또는 젖니라고 해.

여섯 살이 지나면 젖니가 차례대로 하나씩 빠지고 그 자리에 새로 반짝거리는 하얀 이가 나와. 그 이로 평생을 살아야 해서 영구치라고 불러. 영구치가 날 때는 턱의 뒤쪽에서 어금니가 자라기 시작할 거야. 어금니는 크고 넓고 윗면이 평평해서 음식을 잘 씹을 수 있어. 아홉 살이 될 무렵이면 어금니 네 개가 나고, 열네 살쯤에 네 개가 더 자라. 스물다섯 살 정도면 또다시 네 개가 더 생겨서 어금니의 개수는 모두 12개가 돼. 그렇게 총 32개의 이가 자라지.

그중에서도 이 마지막 네 개의 어금니가 아주 특별해. 내 형제자매인 사랑니거든. 사랑을 알게 되는 나이에 나온다고 해서 사랑니라는 이름이 붙었다고 해. 그런데 이 사랑스러운 녀석들이 문제를 일으키기도 한단다.

어떨 때는 사랑니가 완전히 옆으로 누워 자라면서 잘 자리잡은 다른 치아를 밀거든. 턱뼈를 향해 자라는 바람에 참을 수 없이 아플 때도 있고. 그래서 문제가 되기 전에 치과에서 사랑니를 뽑기도 하지.

하지만 우리한테만 뭐라고 하지는 말아 줘. 너희들의 탓도 있어! 애초에 사람의 턱뼈는 32개 치아가 모두 들어가기엔 너무 작거든. 사실 그건 말도 안 되는 일이야. 다른 동물 아무나 붙잡고 입속을 들여다봐. 제 이빨이 다 들어가지 못할 만큼 턱이 작은 동물은 하나도 없을 거야. 상어는 이빨이 몇 줄씩 자라면서 앞쪽의 이가 빠지면 뒤쪽의 이가 앞으로 나와 그 자리를 채우지. 비버는 이빨이 평생 계속 자라고. 인간은 타고난 이가 입안에 다 들어가지 않는 유일한 동물이야.

하지만 인류의 역사에서 인간이 이런 문제를 겪기 시작한 건 아주 최근이야. 1만 4000년 전만 해도 사람의 턱은 32개 치아가 모두 들어갈 만큼 넓었거든. 그럼 그동안 무슨 일이 일어난 걸까?

바로 사람들이 음식을 열심히 씹지 않게 된 거야. 모두 인간의 조상이 야생 식물의 씨앗을 채집해서 땅에 뿌리고 키우기 시작하면서 일어난 일이지. 곡식이 다 자라면 수확한 다음 낱알을 잘 갈아 가루로 만들고, 그걸로 죽이나 빵을 만들어 먹었어. 저 부드러운 음식이 우리 사랑니 가문에 재앙을 내린 거라고!

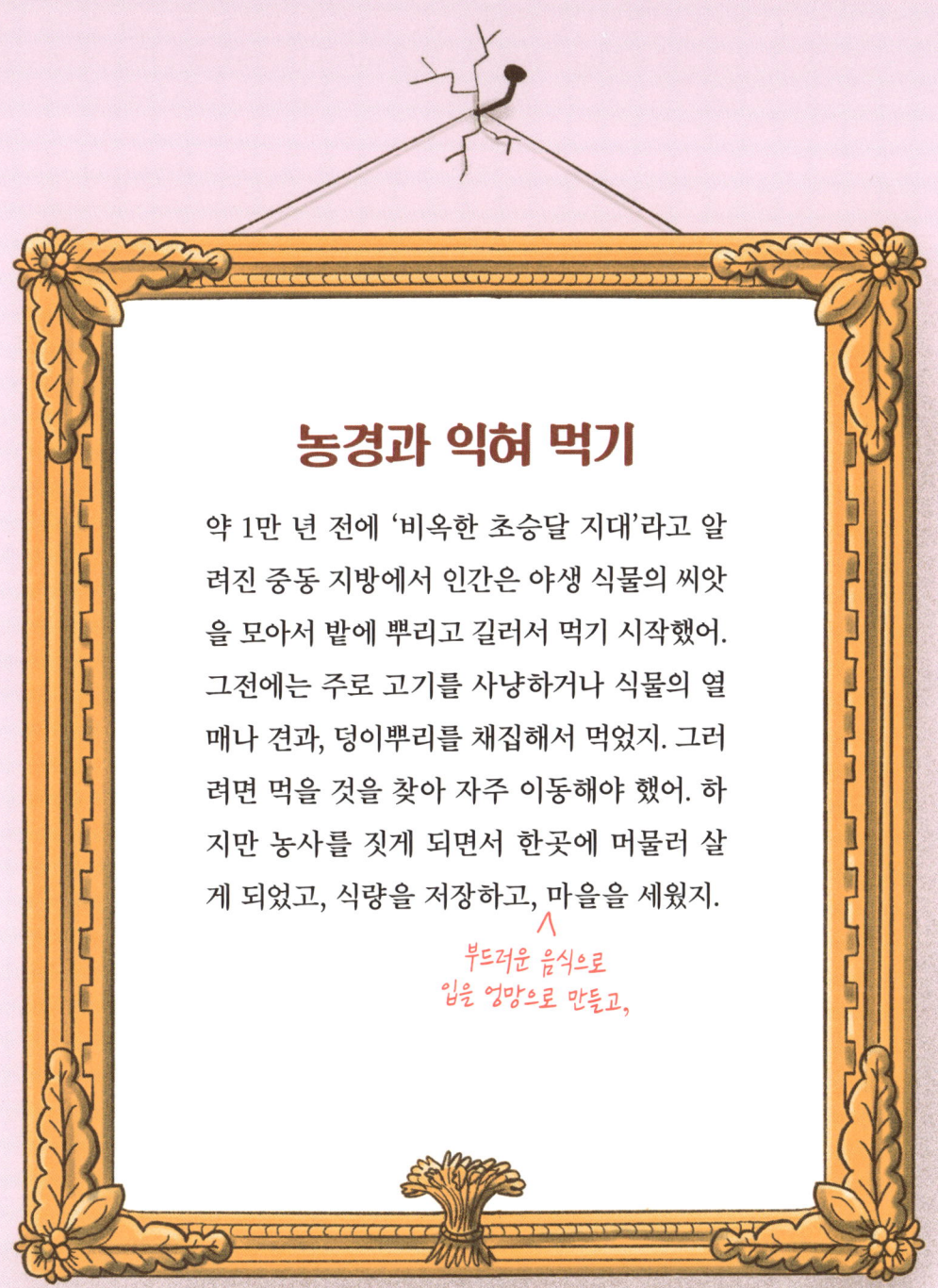

농경과 익혀 먹기

약 1만 년 전에 '비옥한 초승달 지대'라고 알려진 중동 지방에서 인간은 야생 식물의 씨앗을 모아서 밭에 뿌리고 길러서 먹기 시작했어. 그전에는 주로 고기를 사냥하거나 식물의 열매나 견과, 덩이뿌리를 채집해서 먹었지. 그러려면 먹을 것을 찾아 자주 이동해야 했어. 하지만 농사를 짓게 되면서 한곳에 머물러 살게 되었고, 식량을 저장하고, 마을을 세웠지.

부드러운 음식으로
입을 엉망으로 만들고,

사람들이 농사를 지어 곡물로 죽이나 빵을 만들어 먹기 전에는 주로 딱딱한 열매나 질긴 고기와 뿌리를 먹고 살았어. 그러려면 삼킬 수 있는 크기가 될 때까지 열심히 씹어야 했지. 그래서 튼튼한 이와 턱뼈, 강한 턱 근육이 필요했어. 다른 근육처럼 턱 근육도 많이 쓸수록 잘 발달해. 턱뼈도 마찬가지고. 아이들이 질기고 단단한 음식을 꼭꼭 씹어 먹다 보면 턱뼈가 더 두껍고 튼튼하고 길어져. 열심히 씹을수록 커지게 되지.

그래서 문제가 생긴 거야. 지금 너희가 주로 먹는 달걀찜이나 와플을 씹을 때는 턱의 힘이 별로 필요하지 않거든. 그래서 점점 턱뼈가 제대로 자라지 못하게 되었어. 그러니 이가 입에 들어맞지 않을 수밖에.

하지만 아직 희망은 있어. 과학자들은 아이들이 매일 온종일 질긴 육포를 씹으면 턱이 크게 자라서 32개 치아가 모두 들어갈 거라고 해. 이 박물관에 온 너희들은 아직 아이들이잖아. 그럼 한번 그렇게 해 볼래? 아마 다들 싫다고 하겠지.

그래서 내가 이 이상한 몸 박물관에 있게 된 거야. 너희들의 씹는 습관이 바뀌면서 언제부턴가 내가 필요 없어졌거든. 하지만 필요하지 않다고 해서 내가 당장 사라지는 건 아니야. 아마 우리 사랑니들은 앞으로 수백만 년 동안 더 남아 있을 거야.

그럼 다음 전시장으로 가 볼까? 그곳에서는 사람의 피부에 있는 수천 개의 작은 근육을 보게 될 거야. 과학자들은 털세움근(기모근)이라고 부르지만 나는 소름 잔치라고 하지.

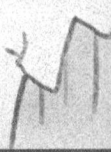

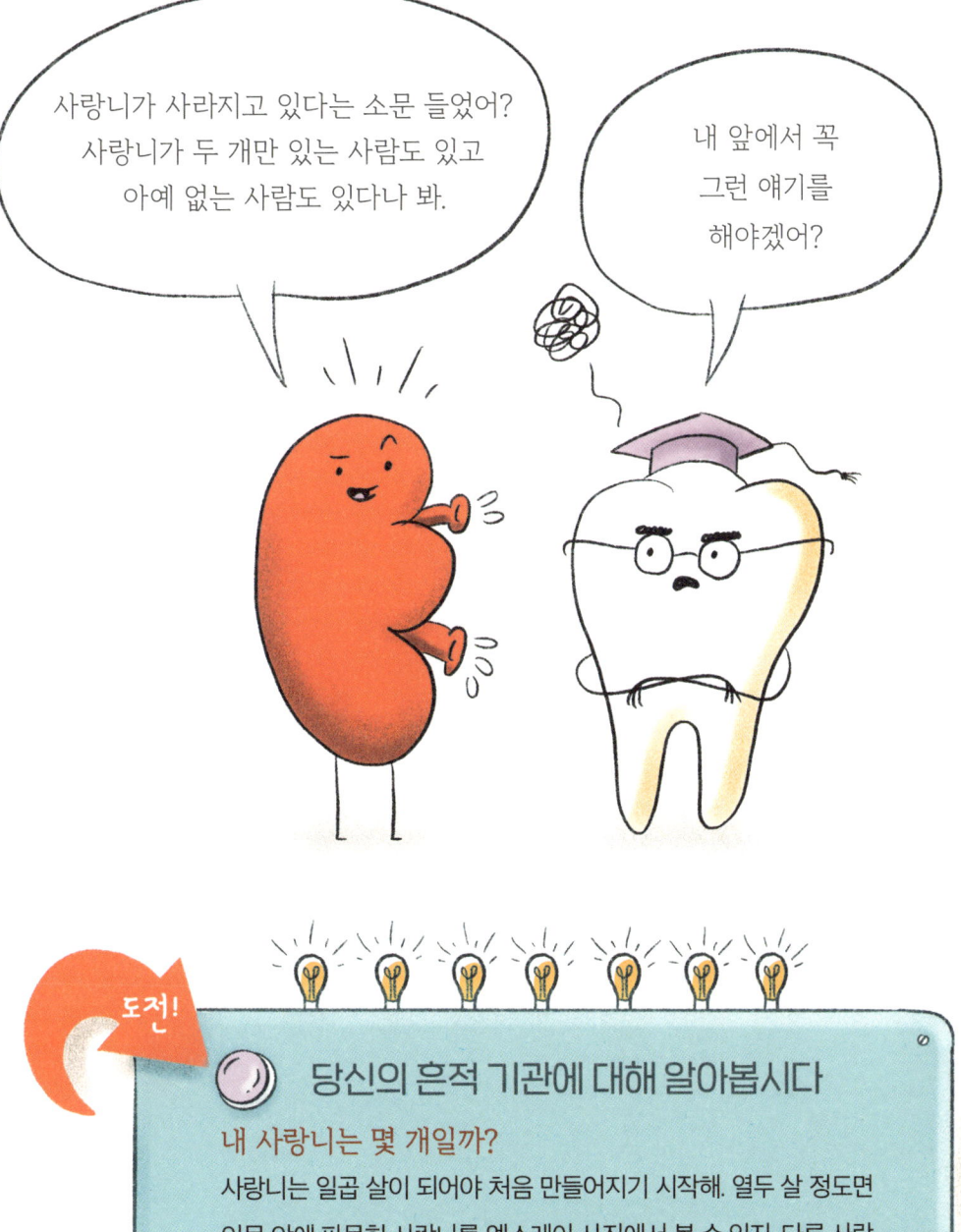

당신의 흔적 기관에 대해 알아봅시다

내 사랑니는 몇 개일까?

사랑니는 일곱 살이 되어야 처음 만들어지기 시작해. 열두 살 정도면 잇몸 안에 파묻힌 사랑니를 엑스레이 사진에서 볼 수 있지. 다른 사람들의 사랑니 개수를 조사해 보는 것도 재미있겠다. 주변 어른들에게 사랑니가 몇 개인지, 또는 몇 개를 뽑았는지 한번 물어봐. 아마 사랑니가 나지 않은 사람이 적어도 한 명은 있을 거야.

소름이 뭔지는 잘 알고 있지? 춥거나 무섭거나 감동적인 음악을 들었을 때 몸에 닭살이 돋으면서 머리가 쭈뼛하게 서는 기분이 들잖아.

그럼 소름이 돋는 이유를 알려 줄까? 그건 너희들이 포유류이기 때문이야. 포유류는 몸에 털이 나는 동물로 잘 알려졌지. 인간은 더 이상 털북숭이가 아니지만 포유류라는 사실은 변함이 없어. 그래서 인간의 몸은 아직도 온몸이 털로 뒤덮인 것처럼 행동한단다.

여우의 예를 들어 볼게. 여우가 추위를 느끼면 털구멍의 근육이 조여지면서 털이 똑바로 서게 돼. 그러면 가죽과 털끝 사이에 약간의 공간이 생기지. 체온이 그 공간의 공기를 데우고, 따뜻해진 공기는 두꺼운 털에 갇혀 밖으로 탈출하지 못해. 그렇게 해서 여우의 몸을 따뜻하게 감싸 주는 거야. 한겨울 외투 안에 스웨터를 입은 것 같다고나 할까?

새들도 그렇게 하지 않아? 추운 날 비둘기를 살펴 봐. 몸을 엄청 크게 부풀리고 있잖아.

지금 새가 아니라 포유류 얘기하고 있잖아.

닭살이 돋는다며! 소름은 꼭 털을 뽑아 놓은 닭의 피부처럼 생겼으니까.

네 말이 맞긴 하다. 하지만 이제 털에만 집중하자. 알았지?

포유류란?

포유류는 가운데귀를 구성하는 뼈가 3개이고, 새끼에게 젖을 먹이고, 살면서 언젠가 몸의 일부에 털이 자라는 동물이야. 파충류나 새와는 다른 포유류만의 특징이지. 최초의 포유류는 약 2억 년 전인 공룡 시대에 나타났어.

동물은 겁을 먹었거나 놀랐을 때도 똑같이 털을 세워. 경계하는 고양이나 으르렁대는 개를 본 적 있어? 아마 털을 바짝 세우고 있었을 거야. 몸집이 더 크고 사나워 보이게 하려는 거지.

진화는 사람의 몸에서 털을 거의 없앴지만 털세움근까지 버리지는 않았어. 그래서 아직도 활발하게 작용하지. 몸이 춥거나 갑자기 강한 감정을 느낄 때 그 근육이 작동해서 피부에 소름이 돋아. 물론 지금 너희들의 몸에는 털이 충분히 자라지 않기 때문에 털세움근이 작동해도 몸을 따뜻하게 하지도, 더 크고 무서워 보이게 하지도 못해. 하지만 저 용감한 작은 근육들은 여전히 열심히 제 할 일을 하고 있어.

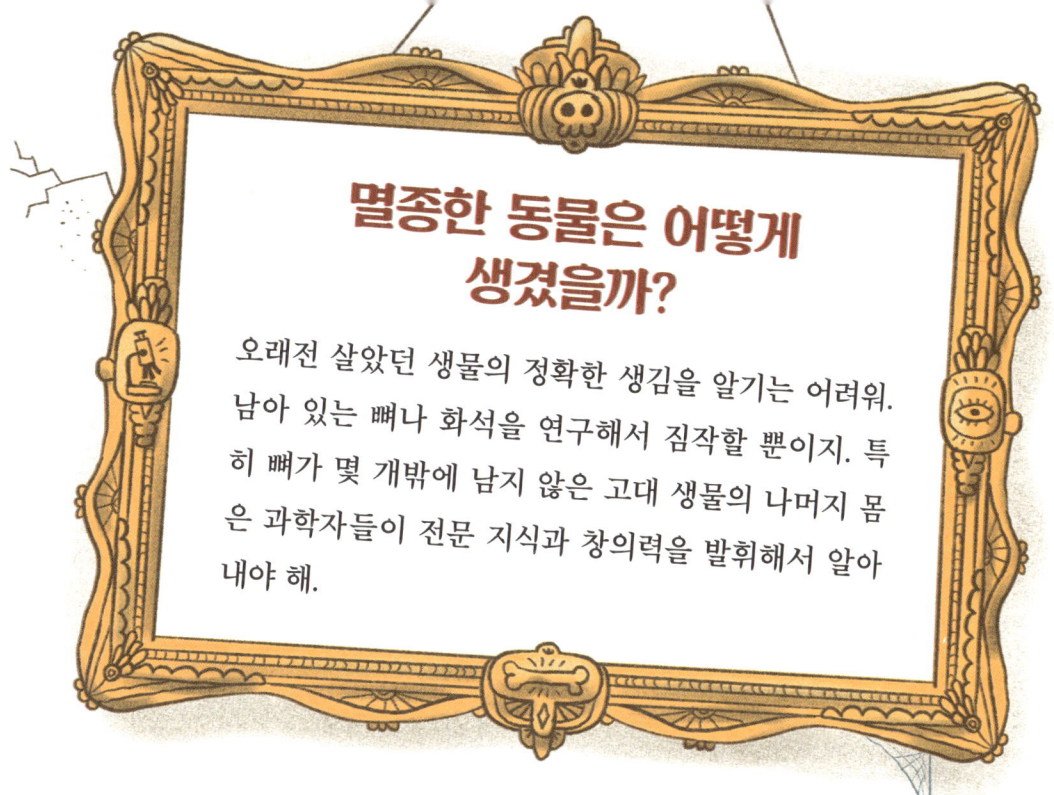

멸종한 동물은 어떻게 생겼을까?

오래전 살았던 생물의 정확한 생김을 알기는 어려워. 남아 있는 뼈나 화석을 연구해서 짐작할 뿐이지. 특히 뼈가 몇 개밖에 남지 않은 고대 생물의 나머지 몸은 과학자들이 전문 지식과 창의력을 발휘해서 알아내야 해.

그런데 왜 진화가 사람의 피부에서 털을 없앴을까? 털은 아주 훌륭하고 쓸모가 많은데 말이야. 몸을 따뜻하게 해 주지, 피부를 보호해 주지, 부드럽고 보기에도 좋지, 얼룩이나 반점 무늬가 있으면 몸을 위장하기에도 딱이잖아. 몇백만 년 전 너희들의 조상에게는 온몸에 아름다운 털이 있었어. 그런데 그 털이 다 빠지거나 가늘어지면서 벌거숭이처럼 된 거야. 무슨 일이 있었던 걸까?

솔직히 말하면 나도 정확히 알지는 못해. 하지만 호미닌 대전시장에 한번 가 보자. 거기에서라면 해답을 찾을지도 모르니까.

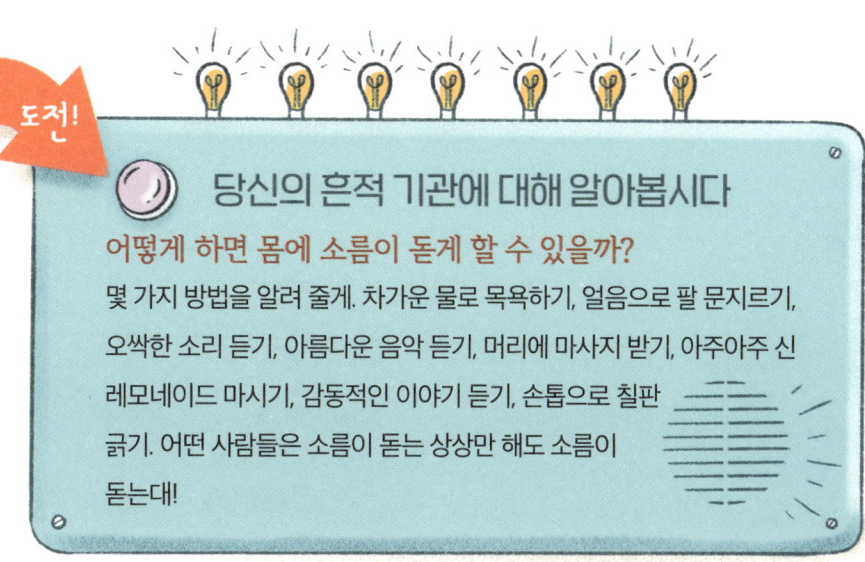

도전!

당신의 흔적 기관에 대해 알아봅시다

어떻게 하면 몸에 소름이 돋게 할 수 있을까?
몇 가지 방법을 알려 줄게. 차가운 물로 목욕하기, 얼음으로 팔 문지르기, 오싹한 소리 듣기, 아름다운 음악 듣기, 머리에 마사지 받기, 아주아주 신 레모네이드 마시기, 감동적인 이야기 듣기, 손톱으로 칠판 긁기. 어떤 사람들은 소름이 돋는 상상만 해도 소름이 돋는대!

호미닌 대전시장

여기는 호미닌 대전시장이야. 호미닌은 인간의 가계도에 있는 특별한 집단이야. 이제까지 지구상에 존재했던 모든 인간종과 인간을 닮은 조상까지 모두 호미닌이라고 불러. 지금까지 스무 종 이상의 호미닌이 알려졌어.

이곳에 전시된 특별한 호미닌이 너희들의 진짜 조상은 아닐지도 몰라. 과학자들이 아직 가계도를 작업하는 중이거든. 하지만 너희들의 조상과 많이 닮은 건 사실이지.

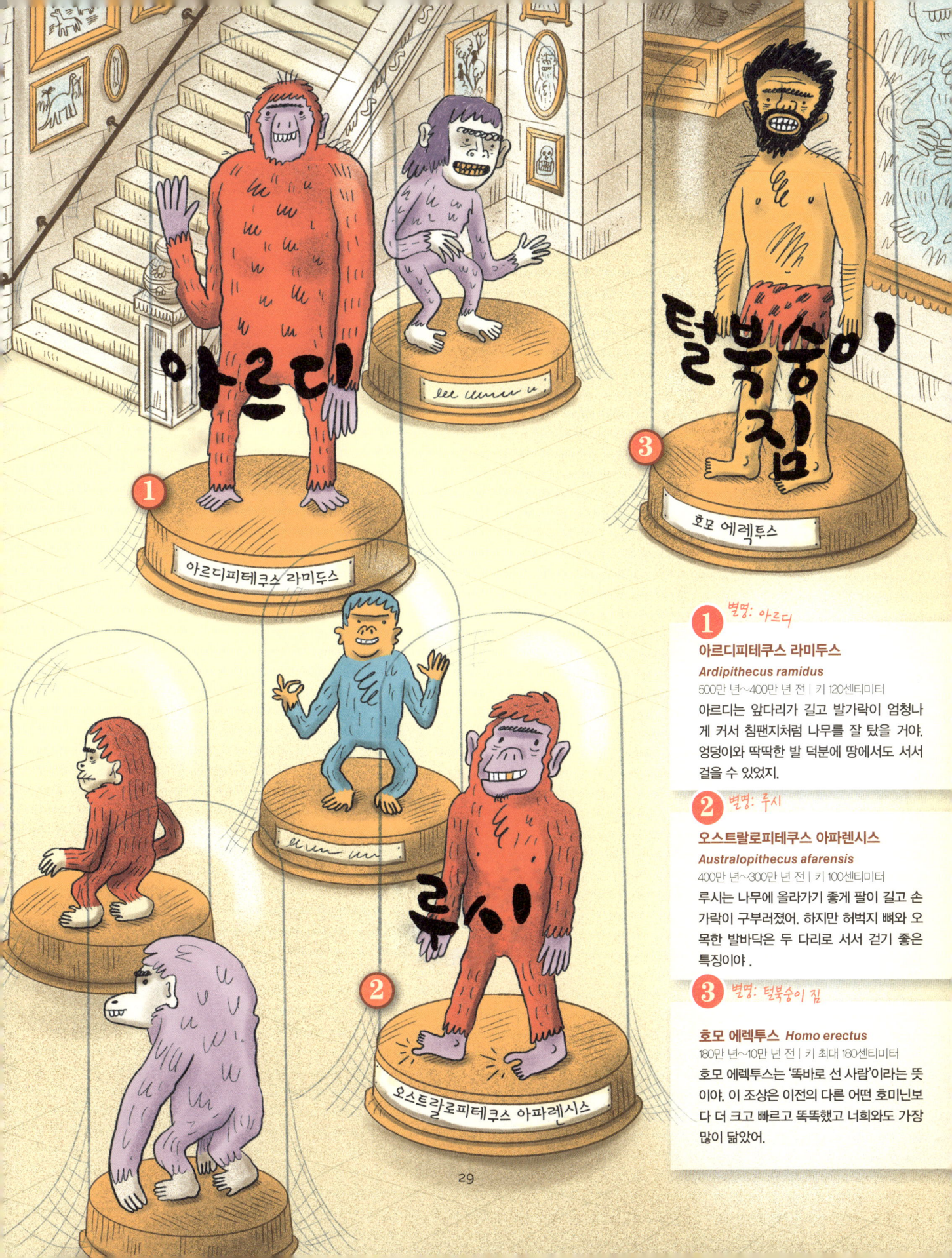

호미닌의 몸을 보면 과거에 어떻게 살았는지 조금은 짐작할 수 있어. 아르디의 긴 팔과 잘 휘는 발은 나뭇가지를 타고 다니거나 매달리기에 좋지. 루시의 발은 땅에서 걷기에 더 적합했지만 아마 나무에서 지낼 때도 있었을 거야(나무 위에 집을 만들고 밤에는 안전하게 그곳에서 잠을 청했을걸). 털북숭이 짐은 오늘날의 인간과 많이 닮았지만 털이 더 많아. 다리와 발은 달리기에 아주 좋지. 팔은 너희 체육 선생님보다 길지 않았을 테지만.

왜 땅으로 내려와 걷기 시작했을까?

왜 너희들의 조상은 안전한 나무를 버리고 땅으로 내려왔을까? 지구의 기후는 더워졌다가 추워지기를 반복했어. 더울 때는 숲이 무성하게 자라고 열매가 많이 달리지. 춥고 건조할 때는 숲이 줄고 초원이 커지면서 먹이 경쟁이 심해졌고.

아마 너희들의 조상은 숲의 크기가 줄면서 몸집이 더 큰 유인원에게 쫓겨났을지도 몰라. 먹이를 찾으려고 나무에서 내려와 숲속을 걸어 다녔을 수도 있어. 어쩌면 창과 아기와 과일 바구니를 들고 다닐 양손이 필요했을 수도 있지. 서 있으면 멀리 있는 위험이 더 잘 보였을 수도 있겠다. 정확한 이유는 아직 아무도 몰라.

 인간이 어떻게 진화했는지 간단히 설명해 볼게. 유인원을 닮은 너희 선조는 원래 거의 나무에서 살았어. 그러다가 몇백만 년 동안 점점 땅에서 보내는 시간이 많아졌고 결국에는 다시 나무로 돌아가지 않았지. 왜 그랬는지는 아직 누구도 확실히 알지 못해. 하지만 이유가 무엇이든 살아가는 모습이 아주 크게 달라졌지.

 나무늘보, 오랑우탄, 코알라처럼 나무에서 생활하는 동물을 생각해 봐. 초원에 사는 동물과는 생김새가 전혀 달라. 저 동물들의 손과 발은 걷거나 뛰는 게 아니라 기어오르고 매달리기에 더 적합하게 진화했거든. 그래서 나무에서 지내다가 땅에 내려와 살기 시작했을 때 너희의 조상은 살아남기 위해 몸이 변해야 했어. 나무를 타는 대신 땅에서 걸을 수 있도록 발이 뻣뻣해져서 더는 구부러지지 않았어. 원숭이의 발가락을 잃어버렸고 팔은 짧아지고 털도 사라졌어. 하지만 너무 슬퍼할 건 없어. 너희들의 몸에는 아직 원숭이의 흔적이 많이 남아 있으니까. 다음 전시장에서 조금 더 살펴보자.

원숭이 근육

지금 너희는 원숭이의 나무 타는 재주를 절반도 따라 하지 못할 거야. 하지만 아직 남아 있는 원숭이 근육이 있지. 어떤 사람들은 팔에 긴손바닥근(장장근)이라는 근육이 있어. 원숭이 조상이 네발로 걸어 다닐 때 쓰던 것이지. 다섯 명 중 하나는 이 근육이 없어. 하지만 너무 작은 근육이라 있든 없든 별 차이는 없어.

나한테도 그 근육이 있나?

무슨 엉뚱한 소리야! 너는 콩팥이잖아. 일단 넌 팔이 없어.

나콜라피테쿠스 케리오이

종아리에도 얇은 원숭이 근육이 있어. 장딴지빗근이라고 부르는 근육인데 아마 발로 나뭇가지를 잡을 때 사용했을 거야. 열 명 중 하나는 이 근육이 없지만 다리를 사용하는 데 전혀 영향을 주지 않아. 내가 봐도 재미 없는 근육이야.

대신 더 흥미로운 근육을 소개할게. 아기들한테만 있는 놀라운 원숭이 근육의 힘이지. 태어난 지 얼마 안 되는 아기들은 손에 엄청난 힘이 있어. 웃지도 못하고 몸을 뒤집지도 못하고 코를 긁지도 못하는 갓난아기가 움켜쥐는 힘만큼은 대단하다고. 한 손으로 밧줄을 잡고 매달릴 수도 있을 정도니까. 이 힘은 태어나서 몇 달이 지나면 사라져. 하지만 갓 태어난 사람에게 원숭이가 준 힘은 아주 강력해.

별명: 나초

나콜라피테쿠스 케리오이
Nacholapithecus kerioi
이 오래된 유인원은 1500만 년 전에 케냐에서 살았어. 꼬리가 없고 다리가 길고 팔이 크고 어깨가 나무에 잘 매달리게끔 움직여. 모두 오늘날 유인원의 특징이야. 아마 사람도 이렇게 생긴 유인원에서 진화했을 거야. 나초

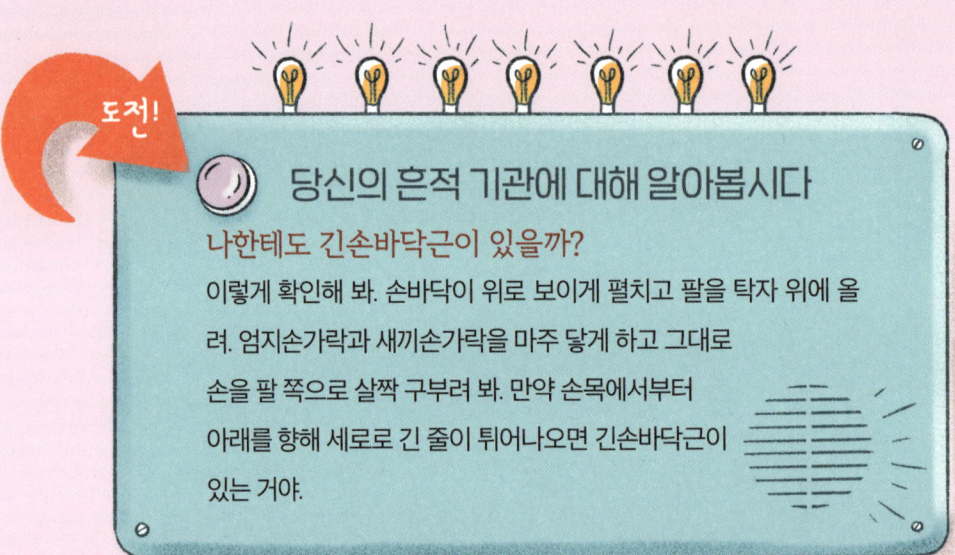

당신의 흔적 기관에 대해 알아봅시다

나한테도 긴손바닥근이 있을까?

이렇게 확인해 봐. 손바닥이 위로 보이게 펼치고 팔을 탁자 위에 올려. 엄지손가락과 새끼손가락을 마주 닿게 하고 그대로 손을 팔 쪽으로 살짝 구부려 봐. 만약 손목에서부터 아래를 향해 세로로 긴 줄이 튀어나오면 긴손바닥근이 있는 거야.

이렇게 쥐고 붙잡는 아기의 능력을 쥐기 반사라고 해. 반사는 자극을 받았을 때 미처 머리가 생각하기도 전에 몸이 먼저 행동하는 반응을 말해. 소름도 반사야. 근육이 추위에 반응해서 저절로 조여지니까. 쥐기 반사도 마찬가지야. 아기가 '내 작은 주먹을 더 꼭 쥐어야겠다'라고 생각해서 하는 일이 아니라 그저 손바닥에 닿는 것은 뭐든지 본능적으로 붙잡아 쥐는 거지. 아마 너희 조상이 새끼일 적에 숲속에서 나무를 타는 어미의 몸에서 떨어지지 않으려고 털을 꼭 붙잡았던 행동의 흔적일 거야.

다음으로 정말 재밌는 원숭이 근육의 흔적이 있어. 수면 경련이라는 증상이야. 잠자리에서 막 잠이 들려고 할 때 갑자기 몸이 움찔하면서 화들짝 놀란 적 있어? 그 동작도 나무에서 살던 시절 자다가 나무에서 굴러떨어지지 않게 자세를 잡도록 도왔을 거야.

너희들 몸 안에 남아 있는 다음 원숭이 흔적은 발이야. 발은 당연히 흔적 기관이 아니지. 지금도 매일 아주 잘 쓰고 있으니까. 하지만 사실 너희의 발은 진화가 아주 어설프게 손본 결과물이란다.

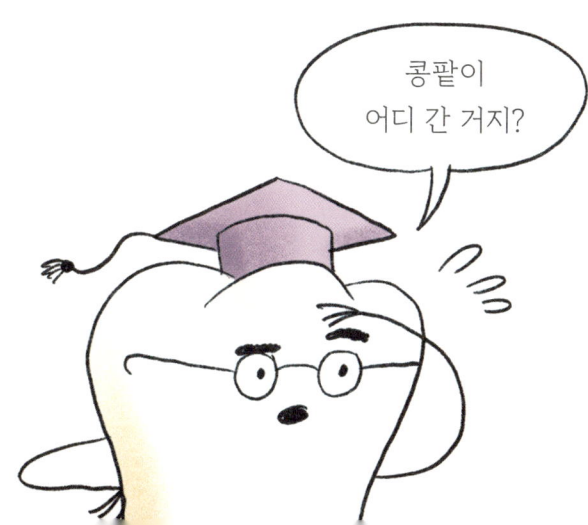

콩팥이 어디 간 거지?

엉기설기 원숭이 발

타조가 엄청난 단거리 달리기 선수이자 세계에서 가장 빠른 마라톤 선수라는 거 알고 있어? 하지만 타조는 절대로 발목을 접질리는 일이 없지. 아킬레스 힘줄이 끊어진 적도 없고 오래 달렸다고 발바닥이 아프지도 않아. 이유가 뭘까?

그건 타조의 먼 조상이 티라노 사우루스 렉스라서 그래. 티라노 사우루스가 새의 직계 조상은 아니지만 타조와 티라노 사우루스 둘 다 수각류라는 고대 생물에 속한 동물이야. 모두 두 발로 걸어 다녔지. 2억 3000만 년 전에 최초의 수각류가 나타났고, 그 이후로 티라노 사우루스와 벨로키랍토르, 그리고 지금까지 살았던 모든 새를 포함한 수각류가 두 발로 걸어 다녔어. 한마디로 새와 새들의 조상은 2억 3000만 년도 넘게 두 발로 생활한 걷기 선수였다는 거야. 인간은 고작 400만 년 전부터 걸었는데 말이야. 어때, 엄청난 차이지?

게다가 너희 인간과 새는 두 발로 달릴 수 있는 유일한 동물이야. 물론 개나 곰도 잠깐은 뒷다리로 서서 걸을 수 있어. 하지만 온전히 제대로 두 발로 걷는 건 인간과 새들뿐이야. 그렇지만 너희들의 발과 새의 발은 완전히 다르게 생겼어.

먼저 너희 조상인 유인원의 발을 볼까? 이 발은 발가락이 길고, 발바닥이 잘 휘어지고, 큰 엄지발가락은 다른 발가락과 마주보고 있어서 가지를 움켜잡기 쉬워. 모두 나무 타기에 좋은 특징이지. 이렇게 발로 정교한 작업을 하다 보니 양쪽 발이 각각 26개나 되는 뼈로 이루어졌어. 두 뼈가 만나는 곳을 관절이라고 하는데 그 지점에서는 몸이 구부러질 수 있어. 이 발에는 관절이 33개나 있어서 어느 방향으로든 아주 유연하게 움직일 수 있지. 나뭇가지와 망고를 붙잡기에 완벽해!

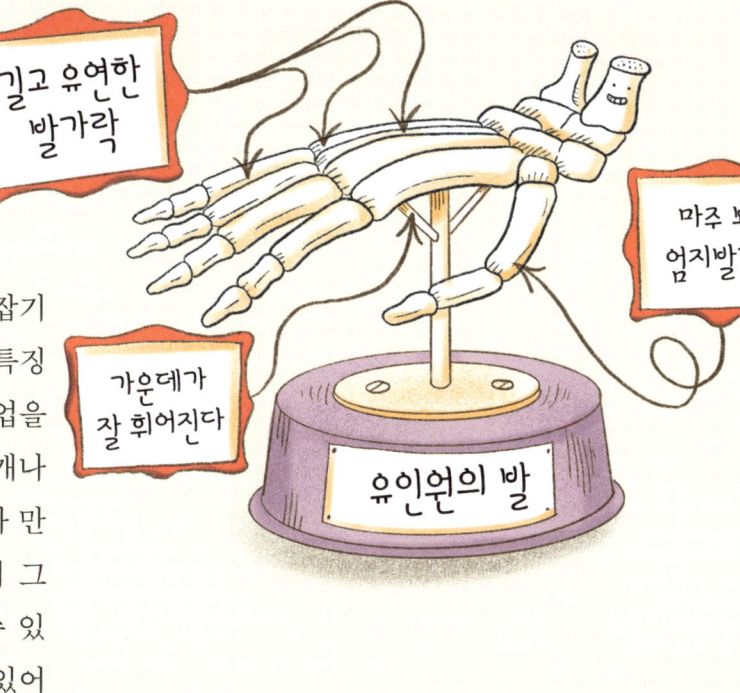

이번엔 타조의 발을 보자. 이 발은 땅에서 속력을 내도록 설계되었어. 발가락이 두 개뿐인데 그중 하나는 아주 커서 땅을 힘차게 밀어낼 수 있고, 발끝에는 땅을 움켜잡을 수 있는 무시무시한 갈고리 발톱이 달렸어. 게다가 뼈가 모두 아홉 개밖에 안 돼. 그게 전부라고! 뼈가 몇 개 없으니 관절도 몇 개 없고 유연성도 떨어지지만 더 안정되고 힘이 세고 튼튼해. 달리기 선수의 발로 안성맞춤이야. 실제로 과학자들이 달리기 선수용 의족을 설계할 때 타조의 발을 본떠서 만든대. 힘과 탄력, 안정성까지 모두 다 갖추었으니까.

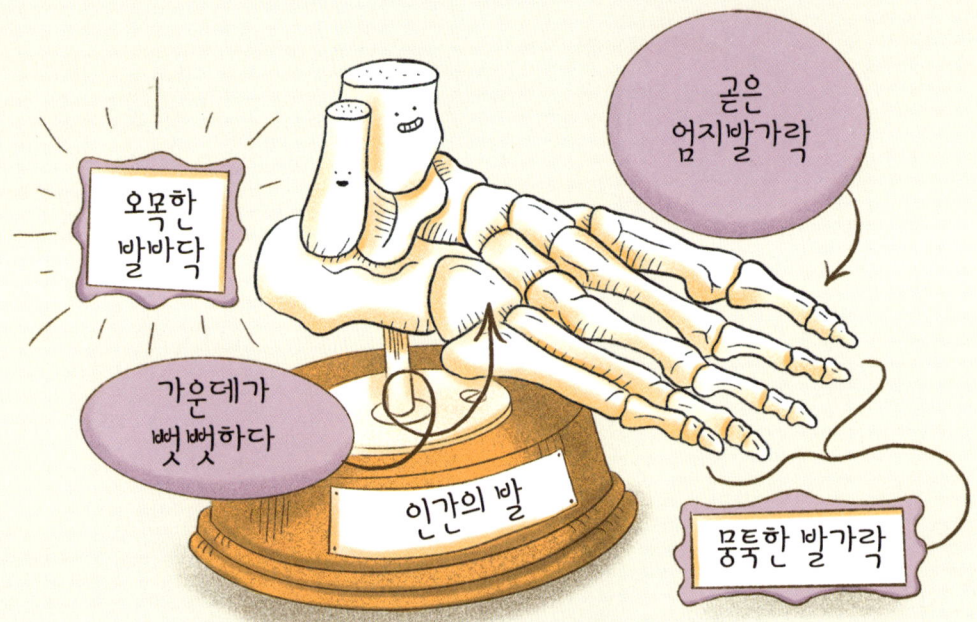

이제 너희들의 발을 살펴볼 차례야. 너희들은 평소에 잘 뛰어다니지? 그러려면 타조처럼 발이 뻣뻣하면서도 탄력이 있어야 해. 하지만 고작 수백만 년 전에 너희 조상은 유연성이 뛰어나고 부드러운 원숭이의 발로 살았지. 그 발로 어떻게 땅에서 생활했겠어? 진화가 마술을 부리지 않고서야 당연히 힘들었겠지. 그래서 지금 너희들의 발은 말하자면 연약한 원숭이 발에 테이프와 클립을 덧대어 억지로 뻣뻣하게 고정한 상태인 거야.

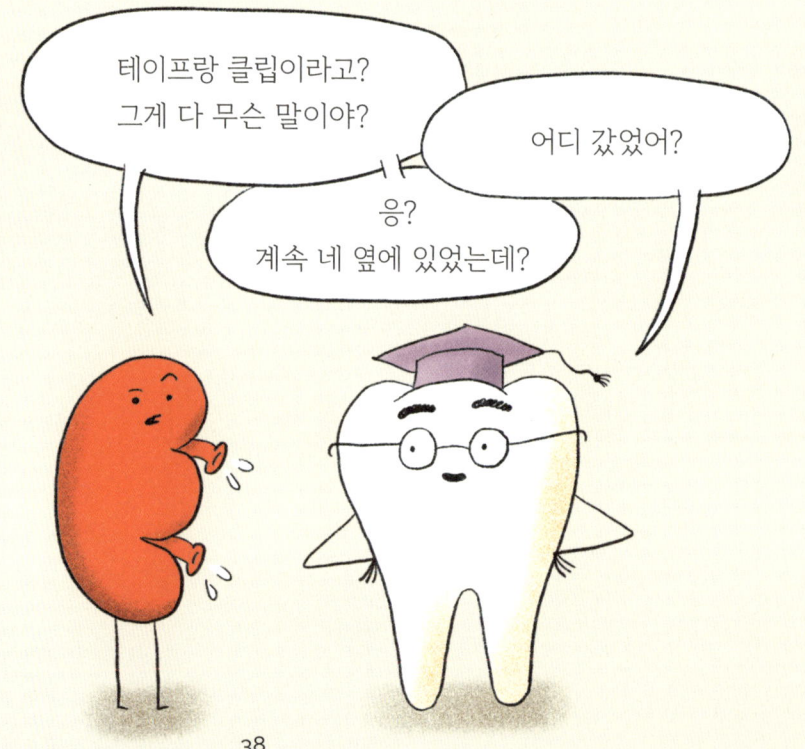

너희들의 발에는 유연성을 주는 26개의 뼈와 33개의 관절이 있어. 하지만 진화는 여기에 100개의 근육과 힘줄을 덧붙여서 네가 뜀박질 하느라 땅을 세게 밀어낼 때 저 관절들이 똑바로 붙어 있게 해 줘. 짐작하겠지만 작은 뼈들이 뭉쳐서 한 덩어리가 되더라도 타조의 하나짜리 큰 뼈만큼 강하지 못해. 그래서 인간은 발목이 자주 삐고, 힘줄이 찢어지고, 망치발가락 따위로 고생하는 거야. 모두 원래는 나무에서 생활했던 원숭이 발을 얼기설기 고쳐서 쓰는 바람에 생긴 문제들이지.

만약 처음부터 땅에서 사용할 발을 만들어야 했다면 누구도 그렇게 설계하지는 않았을 거야. 하지만 나무에서 살다가 땅에 내려왔을 때는 진화도 어쩔 수 없었지. 완전히 새로운 발을 만들려면 억만년 동안 수억 가지 실수를 해야 했거든. 그래서 진화는 이미 가지고 있는 것을 조이고 덧대고 잡아당기고 찌그러뜨려서 사용해.

그런데 나무를 기어오르던 발이 어떻게 달리기를 하는 발이 되었을까? 도대체 어떤 과정을 거쳐서 몸이 달라졌을까? 이건 아주 중요한 질문이야. 이제부터 본격적으로 그 답을 설명해 줄게. 준비됐어?

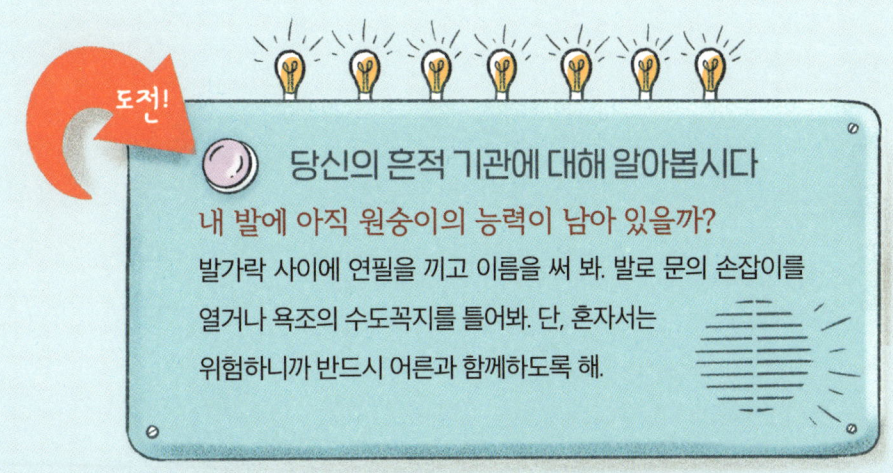

도전!

당신의 흔적 기관에 대해 알아봅시다

내 발에 아직 원숭이의 능력이 남아 있을까?
발가락 사이에 연필을 끼고 이름을 써 봐. 발로 문의 손잡이를 열거나 욕조의 수도꼭지를 틀어봐. 단, 혼자서는 위험하니까 반드시 어른과 함께하도록 해.

자연 선택

어떻게 나무를 기어오르던 너희 조상이 마라톤을 하게 되었을까? 바로 '작은 차이', '큰 변화' 때문이야. 자, 잘 들어 봐.

세상에 서로 완전히 똑같은 생물은 없어. 너와 너의 친구처럼 말이야. 둘 다 사람이고 다른 동물과 비교하면 서로 아주 비슷하게 생겼지만, 아마 한 사람은 다리가 더 길거나 발이 더 크거나 머리카락 색깔이 더 진할 거야. 그렇게 한 사람 한 사람을 특별하게 만드는 수많은 작은 차이가 있어. 그걸 유전 변이라고 불러. 한마디로 말하면 사람들이 모두 서로 다르다는 뜻이야. 하지만 저 작은 차이가 오랜 시간이 지나면 커다란 변화를 불러올 수 있어.

수백만 년 전 너희 조상 중 몇몇이 주변 사람들보다 발이 조금 더 뻣뻣했다고 해 보자. 그 덕분에 그 사람들은 사자를 더 잘 피하고 열매를 찾아 조금 더 멀리 걸을 수 있었지. 그래서 남들보다 오래 살아 아이를 낳을 기회가 더 많았어. 그 사람의 후손은 조상에게서 뻣뻣한 발을 물려받아 살아남을 가능성이 더 커졌고 그러다 보니 발도 더 뻣뻣해졌지. 반대로 발이 남들보다 말랑한 사람은 땅 위에서 제대로 달리지 못해 사자에게 일찍 잡아먹혔을 거야. 그렇게 수백만 년이 흐르지.

시작한 지 2시간이 지났는데 아직도 저 장면이야.

아무래도 팝콘을 좀 더 사 와야겠어.

작은 차이점들

여기서 중요한 건 모든 동물은 서로 작은 차이가 있다는 거야. 어떤 차이는 살아남게 돕고 어떤 차이는 그렇지 않아. 살아남은 동물은 자기를 살아남게 한 유용한 차이를 자식에게 남겨 주지. 잡아 먹힌 동물은 자식을 낳기 전에 죽는 바람에 자기의 특징을 물려주지도 못할 거야. 여러 세대를 거쳐 이 작은 차이가 계속해서 쌓이면 마침내 큰 변화가 일어나.

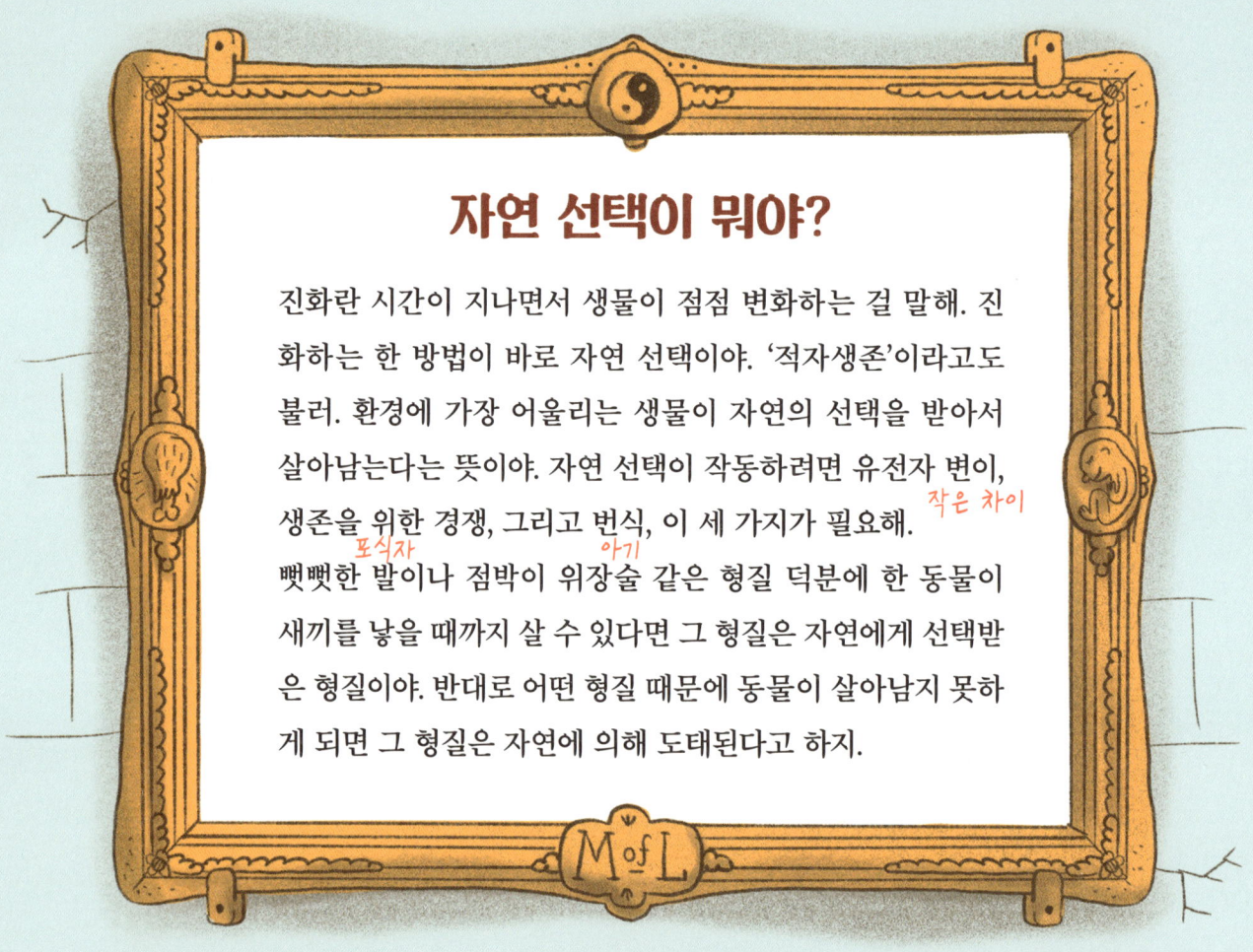

자연 선택이 뭐야?

진화란 시간이 지나면서 생물이 점점 변화하는 걸 말해. 진화하는 한 방법이 바로 자연 선택이야. '적자생존'이라고도 불러. 환경에 가장 어울리는 생물이 자연의 선택을 받아서 살아남는다는 뜻이야. 자연 선택이 작동하려면 유전자 변이, 생존을 위한 경쟁, 그리고 번식, 이 세 가지가 필요해. 뻣뻣한 발이나 점박이 위장술 같은 형질 덕분에 한 동물이 새끼를 낳을 때까지 살 수 있다면 그 형질은 자연에게 선택받은 형질이야. 반대로 어떤 형질 때문에 동물이 살아남지 못하게 되면 그 형질은 자연에 의해 도태된다고 하지.

바로 인간의 발이 그렇게 변해 왔어. 인류가 맨 처음 땅으로 내려왔을 때 남들보다 조금 더 뻣뻣하고 탄력 있는 발이 유연하고 부드러운 발보다 더 유리했거든. 그렇게 수백만 년 동안 더 뻣뻣한 발이 생존에 더 유리하게 작용하면서 새로운 초원 환경은 마침내 가장 뻣뻣한 발을 가진 사람들이 지배하게 되었지. 이런 법칙을 자연 선택이라고 불러.

자연 선택은 무작위적으로 일어나지 않아. 어떤 동물은 잡아먹히고 어떤 동물은 살아남는 데는 다 이유가 있지. 하지만 작은 차이는 무작위적이야. 왜 어떤 유인원은 남들보다 조금 더 발이 뻣뻣하게 되었을까? 그런 차이는 그냥 우연히 생겨난 거야. 그중 한 가지가 어떤 환경에서 조금 더 유리해진 것이지.

이렇게 새로운 종이 진화하면 옛날 종은 멸종하고 말아. 사실 지구에 살았던 모든 종 중 99.9퍼센트가 지금은 멸종했어. 사라져 버렸다고! 6600만 년 전 지구에 소행성이 충돌했을 때는 크고 작은 생물들이 수백만 종이나 죽고 말았어. 하지만 그 이후로 진화가 계속되면서 다시 더 많은 종이 나타났지.

사람들은 모두 진화를 좋아해. 새로 진화한 부위를 동경하고, 쓸모가 없어진 오래된 부위는 완전히 잊고 말아. 하지만 진화는 잊는 법이 없지. 모두가 새로운 것에 감탄할 때, 진화는 옛것의 크기를 줄이고, 쓸모없는 것을 퇴화시켜서 아무것도 남지 않게 하느라 바쁘게 움직여. 너희들 몸에 자라던 털처럼 말이야. 그나저나 이 털에는 무슨 일이 있었던 걸까?

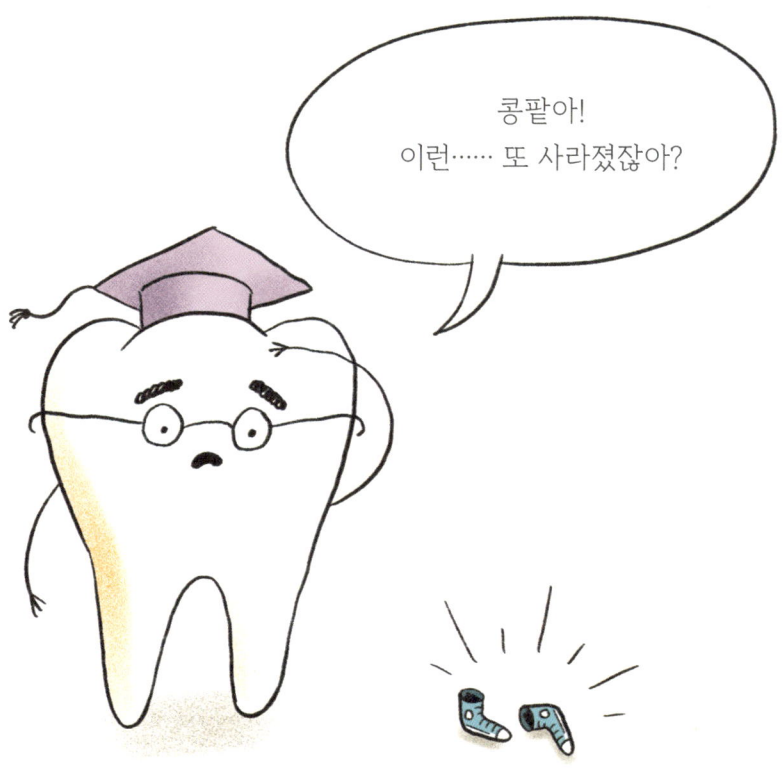

털북숭이가 털옷을 벗은 이유

오늘날에는 카펫처럼 두꺼운 털이 난 사람도 있고, 털이 거의 없어 살이 맨들맨들한 사람도 있어. 어쨌든 몸에 털이 조금은 남아 있지. 하지만 모두 그 옛날 털북숭이 시절이었을 때와 비교하면 지금은 벌거숭이나 마찬가지야.

과학자에게 왜 사람의 몸에서 털이 사라졌냐고 묻는다면 아마 털이 적은 것이 유리했기 때문이라고 대답할 거야. 하지만 어떻게, 왜 벌거숭이가 되었을까? 그건 아직 과학자들도 하나의 답으로 의견을 모으지 못했어. 다양한 의견들을 소개할게. 잘 들어 봐.

가설 1번
오래 달리기 선수

뻣뻣해진 발로 좀 더 빨리 뛰기 시작하자 몸이 더워지기 시작했어. 달리기는 땀이 많이 나는 활동이야. 게다가 털가죽까지 걸쳤다고 생각해 봐. 그럼 털이 적을수록 몸이 덜 뜨거워지고 사자를 피해서 더 빨리, 더 좋은 음식을 얻기 위해서 더 멀리 달릴 수 있었겠지. 또한 사람의 몸에는 이상할 정도로 땀샘이 많아. 땀샘이 많을수록 땀이 많이 나고 그만큼 몸이 더 빠르게 식겠지. 털은 줄고 땀샘은 늘어나면서 너희 조상들이 한낮의 열기에도 더 오래 달리면서 사냥했을 거야.

가설 2번
뜨거운 머리

인간의 뇌는 아주 커. 큰 뇌에서는 열이 많이 나. 그럼 털이 적을수록 몸을 시원하게 유지해서 커다랗고 뜨거운 뇌에 더 적합했겠지. 그렇다면 머리에는 왜 털이 남아 있는 걸까? 아마 머리가 뜨거운 햇볕에 타는 것을 막아 줬을 거야.

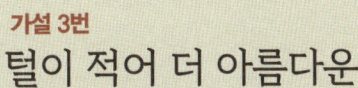

가설 3번
털이 적어 더 아름다운

어쩌면 너희 조상들은 털이 없는 몸을 더 아름답다고 생각해서 일부러 털이 적은 사람을 골라 짝으로 선택했을지도 몰라.

동물이 아름다운 짝을 선택하는 성향을 성 선택, 또는 '아름다운 것의 생존'이라고 불러. 성 선택도 자연 선택과 비슷하게 작용해. 작은 차이가 쌓여서 시간이 지나면 큰 변화가 일어나지. 단지 아름다운 개체가 자식을 낳을 수 있게 선택된다는 차이가 있을 뿐이야. 가장 아름다운 깃털 또는 가장 큰 뿔을 가진 동물이 그 아름다운 특징을 자식에게 물려줄 수 있지. 그러면서 깃털은 더욱 아름다워지고 뿔은 더욱 커지는 거야.

가설 4번
벌레야, 물러가거라
몸에 털이 적으면 벌레도 덜 우글거리겠지. 그래서 털이 적은 사람이 더 건강하게 오래 살았을지도 몰라.

가설 5번
물에 젖은 유인원
이 가설은 이미 사실이 아니라고 밝혀졌지만 너무 재밌어서 꼭 말해 주고 싶었어. 이 가설에 따르면 너희 유인원 조상은 고래처럼 물속에서 살았대. 그래서 인간의 몸이 고래처럼 지방은 많고 털은 적다는 거지. 이 가설은 인간의 눈물이 짜고, 머리카락이 길게 자라고(아기가 물속에서 붙잡을 수 있게 하려고), 물속에 들어가면 손가락이 쪼글쪼글해지고, 아기가 물속에서도 숨을 쉬는 이유를 설명할 수 있지만 앞에서 말했다시피 이 가설은 확실히 틀렸어.

가설 6번
털을 잃은 자의 슬픔

이 가설은 인류가 털을 잃은 것은 갑작스러운 사고였고, 전혀 좋은 일이 아니었다고 주장해. 이 가설에 따르면 어느 날 인간에게 어떤 이상하고 나쁜 일이 일어나서 어쩔 수 없이 하루아침에 벌거벗게 되었어. 하지만 털을 잃는 것은 좋지 않았어. 오히려 나쁘고 위험하기까지 했지. 아기가 어떻게 엄마를 붙잡겠어? 어떻게 몸을 따뜻하게 보호하겠어? 초기 인간은 벌거벗은 몸으로 아주 힘겹게 살았을 거라는군.

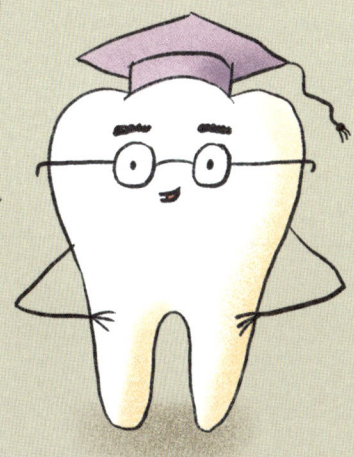

어떤 가설이 옳을까? 정답이 꼭 하나여야 할까? 답은 아직 알 수 없어. 인간이 언제 어떻게 왜 털을 잃었는지는 밝히기 힘든 문제야. 들여다볼 것이 뼈밖에 없기 때문이지.

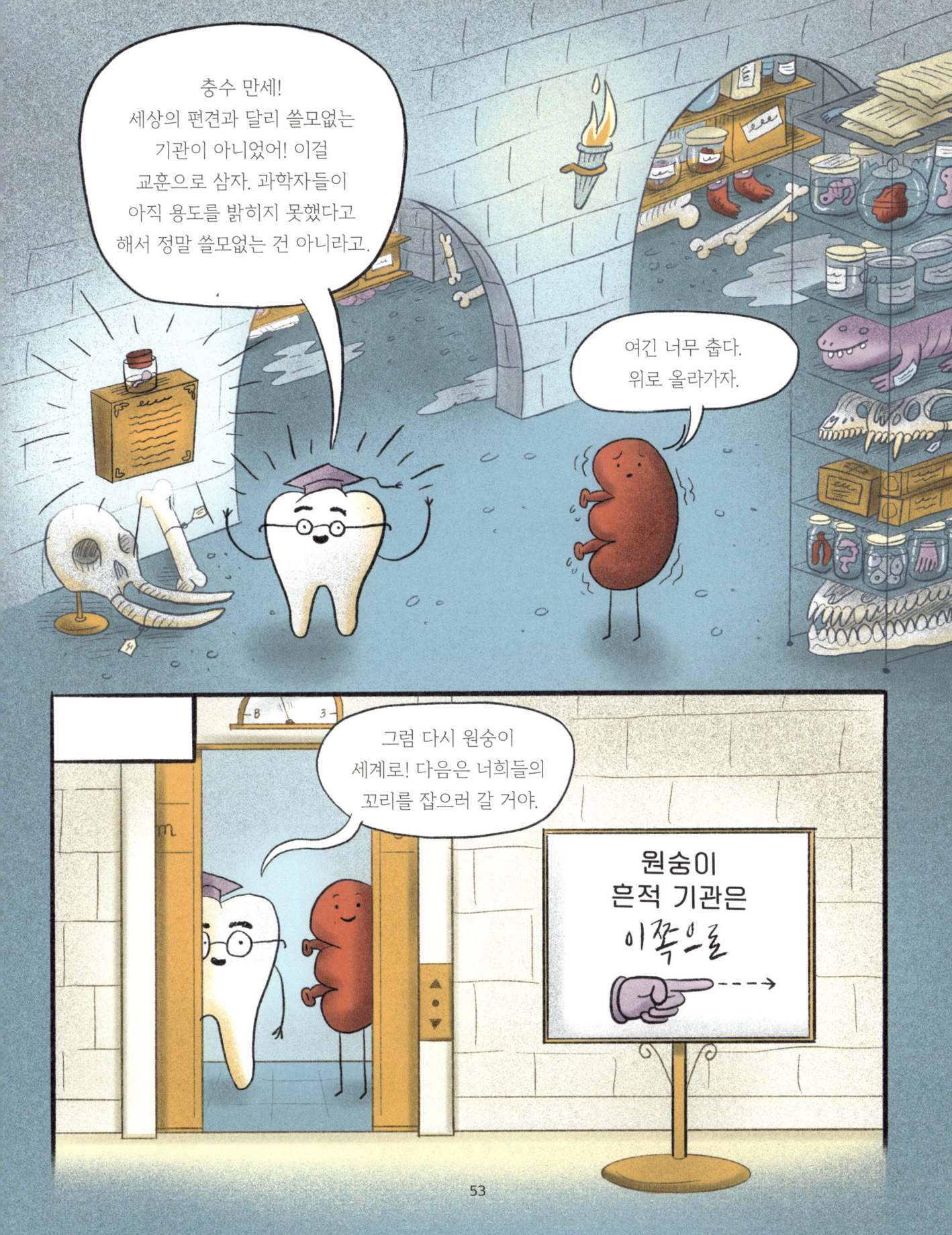

꼬리의 흔적

1 프로콘술 *Proconsul*
2900만 년~1100만 년 전
꼬리가 없고 팔이 길고 손과 발이 민첩한 프로콘술은 고릴라, 오랑우탄을 비롯한 다른 대유인원과 인간의 가장 최근 공통조상일지도 몰라.

2 이집토피테쿠스 *Aegyptopithecus*
3800만 년~2900만 년 전
이 동물은 인간의 유인원 조상이 원숭이와 갈라지기 직전에 살았어. 유인원과 구대륙원숭이의 가장 최근 공통조상일지도 몰라.

과학자들은 이집토피테쿠스처럼 꼬리가 긴 고대 원숭이의 뼈와 프로콘술처럼 꼬리가 없는 좀 더 최근 유인원의 뼈를 발견했어. 하지만 꼬리가 긴 조상과 없는 조상의 중간을 채울 생물의 뼈는 아직 찾지 못했어. 그걸 '잃어버린 고리'라고 하지!

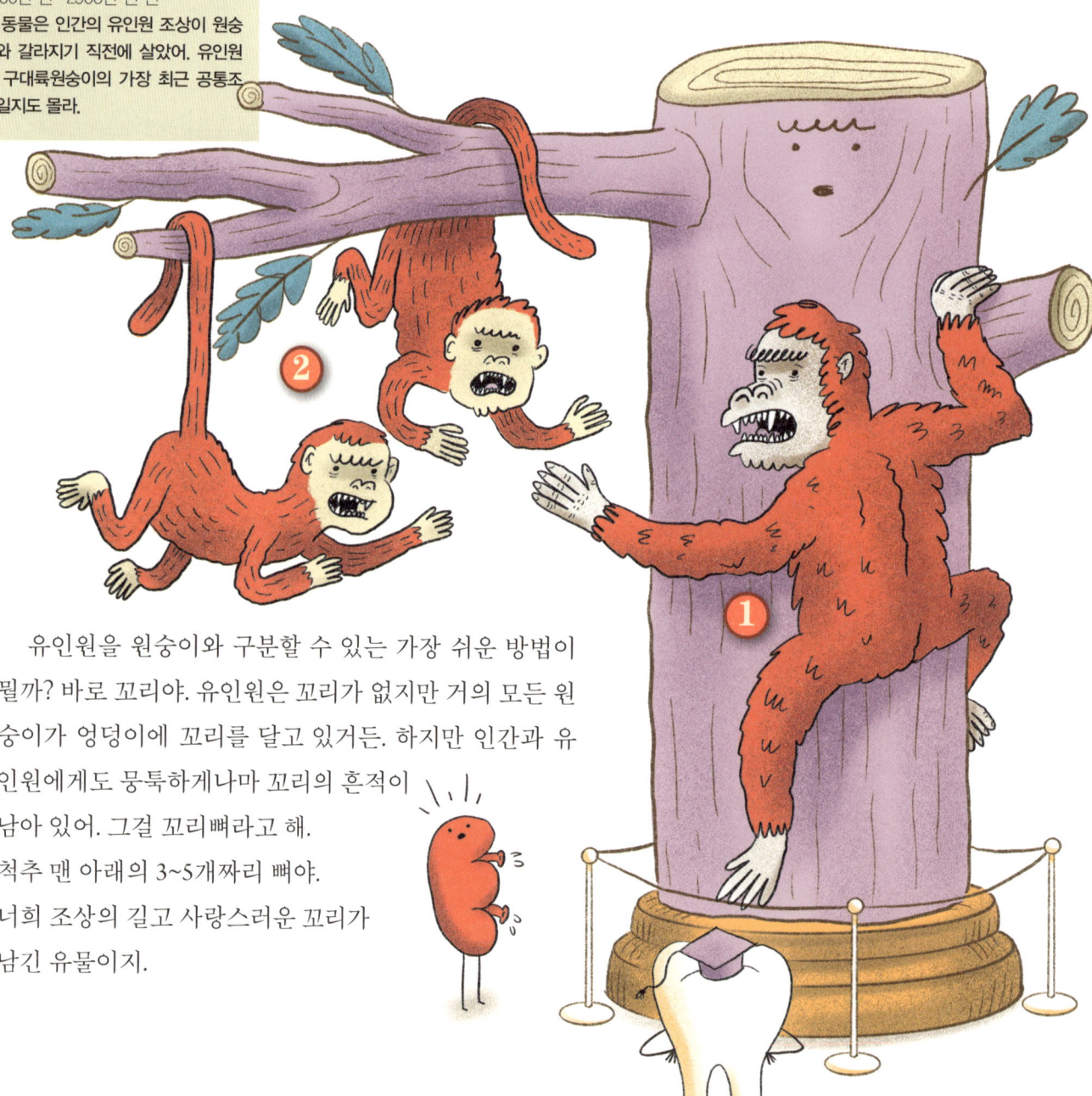

유인원을 원숭이와 구분할 수 있는 가장 쉬운 방법이 뭘까? 바로 꼬리야. 유인원은 꼬리가 없지만 거의 모든 원숭이가 엉덩이에 꼬리를 달고 있거든. 하지만 인간과 유인원에게도 뭉툭하게나마 꼬리의 흔적이 남아 있어. 그걸 꼬리뼈라고 해. 척추 맨 아래의 3~5개짜리 뼈야. 너희 조상의 길고 사랑스러운 꼬리가 남긴 유물이지.

왜 유인원의 꼬리가 사라졌을까? 누구도 정확한 이유는 모르지만 과학자들은 유인원의 어깨에서 단서를 찾았어. 유인원과 원숭이 사이에는 꼬리 말고도 또 다른 큰 차이가 있었거든. 원숭이의 어깨로는 나뭇가지에 매달려 팔로 그네를 탈 수가 없어. 네발로 나뭇가지를 타고 다니거나 나무 사이를 점프할 수는 있어도 유인원처럼 나무에 매달려서 이동하지는 못해. 원숭이가 나무 위에서 균형을 잡는 데는 긴 꼬리가 큰 도움이 되겠지만 유인원이 두 발로 서 있을 때는 오히려 균형 잡기가 어려워지지. 또한 꼬리는 무거워. 온종일 정글짐에 매달려 지내는 동물에게는 거추장스러울 뿐이야. 정글짐을 몽키바라고도 한다지? 그건 잘못된 말이야. 대부분의 원숭이는 정글짐의 봉에 매달려 이동할 정도로 어깨가 비틀어지지 않거든. 사람과 유인원만 할 수 있는 일이야.

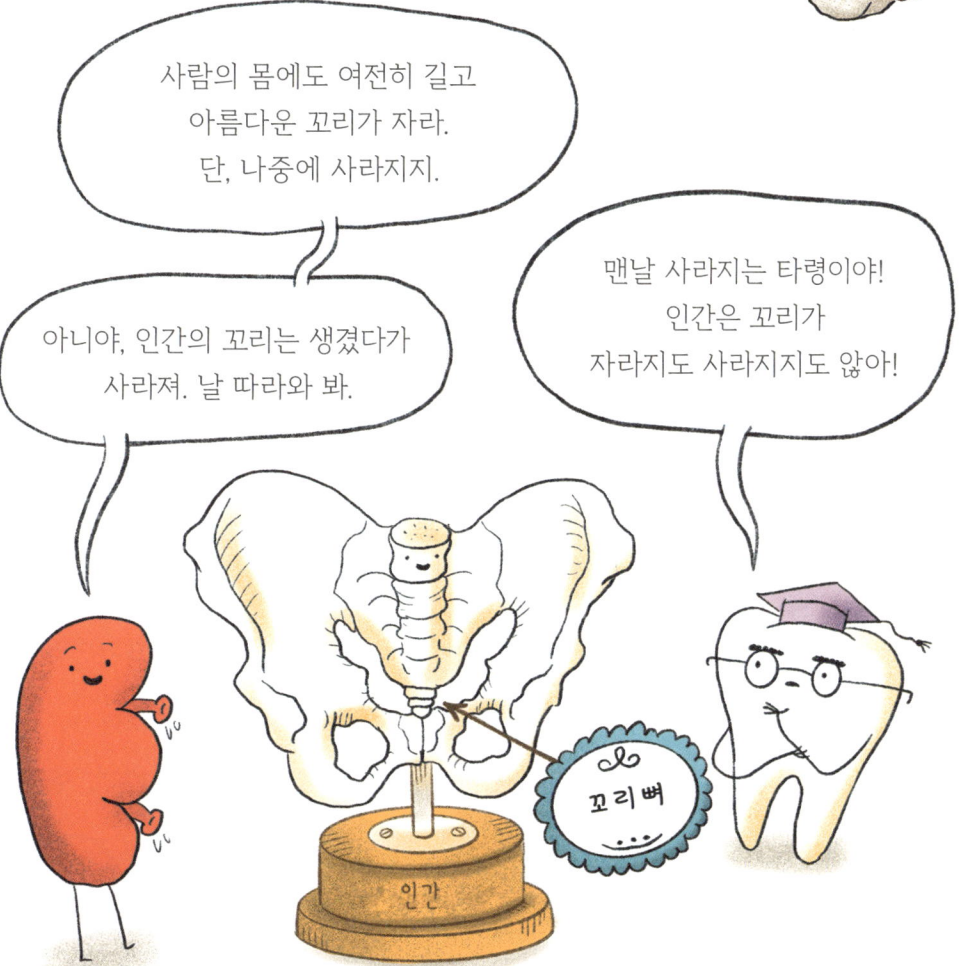

아야 하고, 까다로운 회전과 연결 동작이 긴장 속에 이어지다가 결국 숨이 막힐 만큼 멋진 마지막을 장식하니까!

이 그림을 보면 이 '옥수수 알갱이'가 얼마나 빨리 자라는지 알 수 있어. 낱알은 금세 혹이 되고, 혹은 금세 소시지가 되지. 그리고 기적에 기적이 더해지면서 소시지는 커다란 머리와 짧은 팔다리, 척추, 그리고 맞아, 꼬리가 생겨!

꼬리는 실제로 척추의 일부야. 너희들도 잘 알겠지만 척추는 인체에서 가장 중요한 부분이야. 등 가운데를 따라 작은 뼈들이 줄을 지어 연결되어 있지. 아기가 자라면서 꼬리도 함께 자라서 마침내 10~12개의 뼈로 된 긴 꼬리가 돼. 고양이 꼬리보다는 짧지만 곰의 꼬리보다는 길어. 그 정도도 대단하지 않아?

이렇게 목에서 꼬리까지 척추가 완성되면, 그제서야 꼬리는 무대에서 퇴장해. 공연에서 꼬리가 맡은 일은 다 마쳤어. 그래서 인사를 하고 무대 뒤로 사라지지. 그게 바로 기적처럼 사라지는 인간의 꼬리야.

말도 안 돼!
왜 굳이 만들었다가 없애는 거지?

이상할 거 없어. 잘 들어 봐. 아까 말한 것처럼 엄마의 자궁에서 자라는 아기의 모든 신체 부위는 위대한 공연에 맡은 역할이 있어. 꼬리는 척추의 일부라서 따로 분리된 역할은 없고 척추와 함께 만들어지지. 알다시피 척추의 역할은 아주 중요해. 동물의 몸을 지탱해 주고 몸을 움직이거나 구부리고 또 걷게 해 주니까. 척추가 없으면 동물의 몸은 민달팽이처럼 늘어져 있을 거야. 이렇게 중요한 척추가 형성되는 동안 작은 문제라도 생기면 공연 전체가 엉망이 될 거야. 척추가 모두 완성된 다음 끝을 잘라내는 것이 한참 공사 중에 꼬리에 손을 대는 것보다 훨씬 덜 위험해. 정해진 공연 중에 갑자기 공중제비를 돌겠다고 일어설 수는 없으니까. 그랬다가는 대형 사고가 일어날지도 몰라. 그래서 일단 척추와 함께 꼬리를 만든 다음에 없애는 거야.

네가 사는 세상은 참 희한하기도 하구나. 자, 다음은 괴혈병이야. 여기에 대해서는 내가 아는 게 좀 많지.

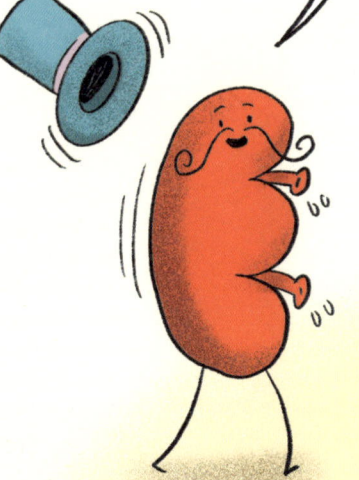
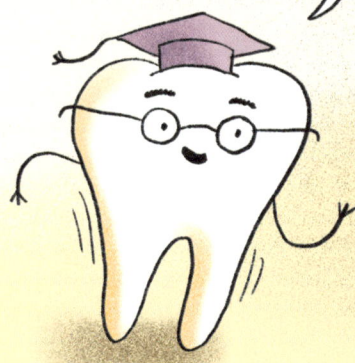

괴혈병

고기와 감자만 먹다가 이가 몽땅 빠져버린 남자 이야기를 들은 적이 있어. 과일을 먹지 않아서 비타민 C를 충분히 섭취하지 못했기 때문이야.

아마 너희 부모님도 너희에게 평소 과일과 채소로 비타민과 무기질을 보충하고, 고기와 단백질이 풍부한 음식으로 근육을 만들고, 뼈가 튼튼해지려면 우유를 마시고 칼슘을 섭취해야 한다고 자주 말씀하셨을 거야. 몸이 건강해지려면 음식을 골고루 먹어야 해.

그런데 참 이상하지? 소를 봐. 풀만 먹고 살잖아. 그런데 어떻게 단백질을 충분히 섭취할 수 있을까? 사자는 또 어떻고. 채소는 전혀 먹지 않잖아. 어떻게 이 동물들은 자기에게 필요한 영양소를 얻지? 이렇게 편식이 심한데도 왜 이빨이 빠지지 않느냐는 말이야!

이 동물들은 말이야, 따로 비타민을 먹을 필요가 없어. 몸에서 직접 만들거든. 소와 사자는 풀과 얼룩말 고기만 먹어도 몸에 필요한 비타민, 무기질, 단백질을 모두 얻을 수 있어.

깜짝 놀랐다고? 사실 그게 정상이야. 너희 인간들이 이상한 거지.

수백만 년 전 어쩌다가 너희 조상은 필수 비타민과 무기질을 만드는 능력을 잃고 말았어. 그때부터 그 자손들은 몸에서 필요한 비타민과 무기질을 만들지 못했어. 그래서 음식으로 섭취하지 않으면 병에 걸려 몸이 아팠지. 철분이 부족해 빈혈에 걸리면 꼼짝하기도 힘들 정도로 피곤할 거야. 비타민 D나 칼슘이 부족하면 뼈에 문제가 생기고.

하지만 최악은 비타민 C야. 이 비타민이 부족하면 괴혈병이라는 무시무시한 병에 걸리거든. 몸이 아프고, 뼈가 부러지고, 잇몸에서 피가 나고, 급기야 이가 모두 빠지고 만다지!

어쩌다가 그런 끔찍한 일이 너희 조상들에게 일어났을까? 그건 유전자에 일어난 커다란 오류, 나쁜 돌연변이 때문이었어.

사실 돌연변이는 우리 몸에서 항상 일어나. 돌연변이가 늘 나쁜 건 아니야. 돌연변이 때문에 너와 너의 친구 사이에 작은 차이가 생기거든. 그 차이들 사이에서 자연선택이 일어나는 것이고. 돌연변이로 인한 작은 차이들이 오랜 시간 쌓여서 큰 변화가 생기고 진화가 일어나지. 어떤 돌연변이는 한 번에 큰 변화를 일으켜. 태어날 때부터 손가락이 여섯 개인 사람이 있는데, 그것도 돌연변이 때문에 그렇게 된 거야. 몸 전체가 하얀 알비노 기린도 몸에서 일어난 돌연변이 때문이고. 크든 작든 모든 돌연변이는 너희 세포 안에 있는 DNA에서 일어나.

DNA를 케이크 요리법이라고 생각하면 돼. 너희를 포함한 모든 동물이 자기만의 독특한 동물 케이크를 만드는 요리법이 있어. 하지만 DNA는 평범한 요리법이 아니야. 인간만 해도 2만 개가 넘는 유전자를 만들어야 하는 아주아주아주아주 복잡한 요리법이라고. 유전자는 너희 몸 구석구석을 만드는 설명서야. 어떤 유전자는 머리카락 색깔을 조절하고, 어떤 유전자는 치아의 개수를 결정하지. 어떤 유전자는 팀으로 일하고 어떤 유전자는 혼자서 일해. 이 2만 개의 유전자가 모두 힘을 합쳐 너희들 한 사람 한 사람을 특별하고 고유한 생물로 만들어 줘.

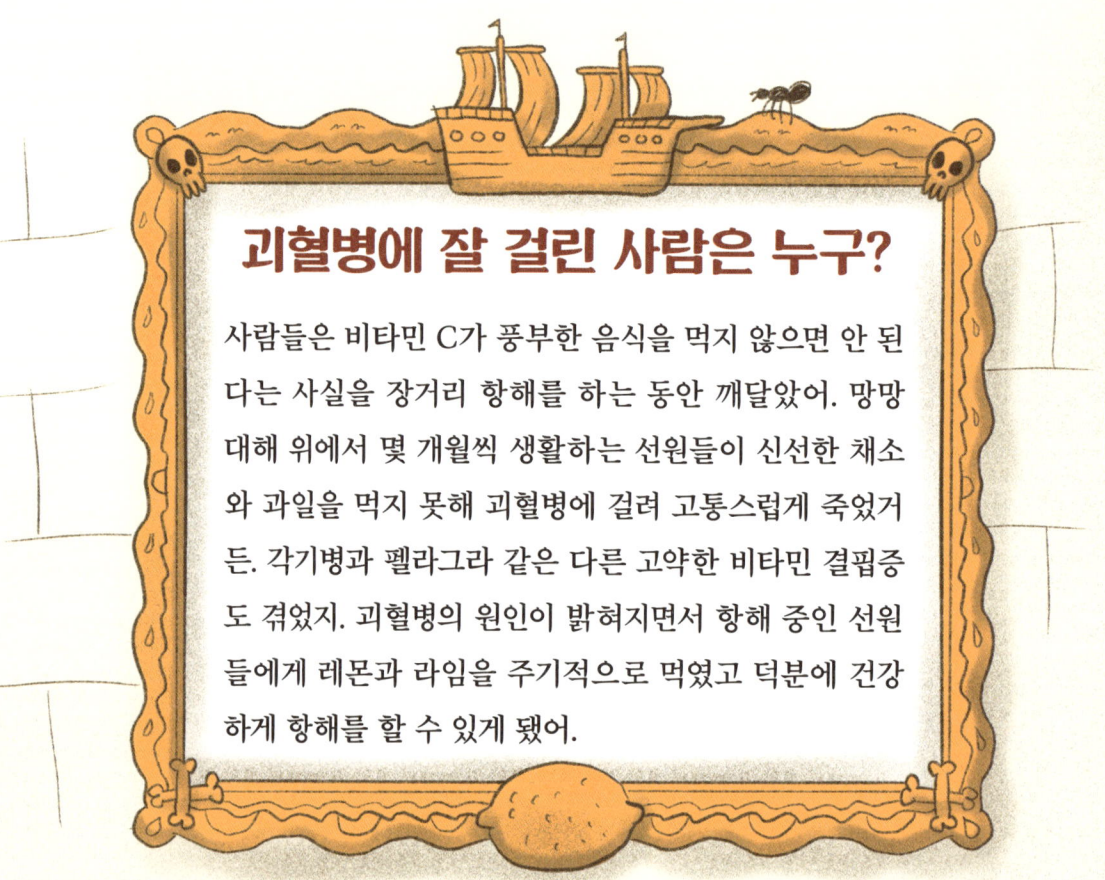

괴혈병에 잘 걸린 사람은 누구?

사람들은 비타민 C가 풍부한 음식을 먹지 않으면 안 된다는 사실을 장거리 항해를 하는 동안 깨달았어. 망망대해 위에서 몇 개월씩 생활하는 선원들이 신선한 채소와 과일을 먹지 못해 괴혈병에 걸려 고통스럽게 죽었거든. 각기병과 펠라그라 같은 다른 고약한 비타민 결핍증도 겪었지. 괴혈병의 원인이 밝혀지면서 항해 중인 선원들에게 레몬과 라임을 주기적으로 먹였고 덕분에 건강하게 항해를 할 수 있게 됐어.

요리법을 따라 케이크를 구워 본 적이 있다면 중간에 실수하기 얼마나 쉬운지 잘 알 거야. 반죽에 소금 넣는 걸 잊거나, 밀가루를 두 배나 들이붓거나, 우유 대신 오렌지 주스를 넣을 수 있지. 소금을 빠뜨린 정도라면 그래도 먹을 만한 케이크가 나올 거야. 하지만 두 배의 밀가루를 넣은 케이크는 돌덩어리처럼 딱딱해지겠지. 우유 대신 오렌지 주스를 넣었더니 색다른 맛의 케이크가 탄생할 수도 있고. DNA에서 일어나는 돌연변이도 마찬가지야. 돌연변이는 좋을 수도 있고, 나쁠 수도 있어. 아무 일도 일어나지 않을 수도 있고, 예상하지 못했던 흥미롭고 유용한 결과가 나올 수도 있어.

화장실

유용한 일을 하는 돌연변이들은 오랜 시간 남아 있다고 말한 거 기억나? 오래전 너희 원숭이 조상의 몸에 있는 '굴로'Gulo라는 유전자에 돌연변이가 생겼어. 몸에서 비타민 C를 합성하는 유전자였지. 이 유전자에 돌연변이가 일어나서 비타민 C를 만들 수 없게 되었지만 그때는 큰 문제를 일으키지 않았어. 어차피 저 고대의 원숭이들은 매일 과일을 먹으며 비타민 C를 충분히 섭취했거든. 게다가 어떤 유전자는 동시에 여러 가지 일을 하는데, 마침 굴로 유전자는 비타민 C를 만드는 일뿐 아니라 지방을 저장하는 일도 조절했어. 굴로 유전자가 망가지면서 원숭이들이 쉽게 살이 쪘을지도 몰라. 언제든지 도넛을 먹을 수 있는 지금의 인간에게는 별로 도움이 되지 않지만 언제 또 바나나를 먹게 될지 알 수 없는 원숭이에게는 유용했어. 그래서 굴로 유전자의 망가진 돌연변이가 계속 살아남아 지금 너희들한테까지 전해진 거야.

주름진 손가락

오래된 주름

카르폴레스테스 심프소니
Carpolestes simpsoni
5680만~5580만 년 전 | 몸무게 110그램
카르폴레스테스는 공룡 시대 이후인 팔레오세에 살았어. 영장류와 비슷한 이 동물은 마주 보는 엄지손가락과 엄지발가락이 진화했어. 나무에 기어 올라가서 열매를 잘 따 먹기 위해서일 거야.

모두 한 번쯤은 겪어 봤을걸? 욕조에 오래 몸을 담그고 있으면 손가락과 발가락이 쪼글쪼글해지잖아. 하지만 몸의 다른 부분은 그렇지 않아. 그리고 다른 동물도 아니고 인간의 손가락과 발가락만 그렇게 된다는 사실! 그 이유가 뭘까? 정답은 아무도 모르지만 어떤 과학자들은 이 주름은 너희 조상이 나무를 타던 시절, 비가 오는 날 나무를 더 잘 붙잡게 해 줬을 거라고 생각해. 자동차 타이어에 있는 홈처럼 주름 사이로 물이 흘러 나가면서 젖은 나뭇가지도 미끄러지지 않게 붙잡을 수 있는 거지.

나무 위에서 생활하는 동물 대부분은 갈고리발톱이 있어. 하지만 유인원과 원숭이는 인간과 비슷한 손톱이 있지. 손톱은 갈고리발톱과 달리 나무줄기를 찍거나 파고 들어갈 수는 없지만, 나뭇가지 끝에서 자라는 열매를 따는 데는 도움이 됐어. 갈고리발톱으로는 하기 어려운 일이거든. 주름진 손가락과 손톱 덕분에 너희 조상들은 열매가 달린 작은 가지를 더 잘 붙잡았을 거야. 내가 보기에도 이게 가장 그럴 듯한 가설인 것 같아.

자, 지금까지 너희들 안의 원숭이를 다 살펴봤어. 이제 마지막 전시가 남았어. 모든 흔적 기관의 영웅이지. 이 기관이 활동했던 때를 보려면 아주아주 먼 과거로 가야 해.

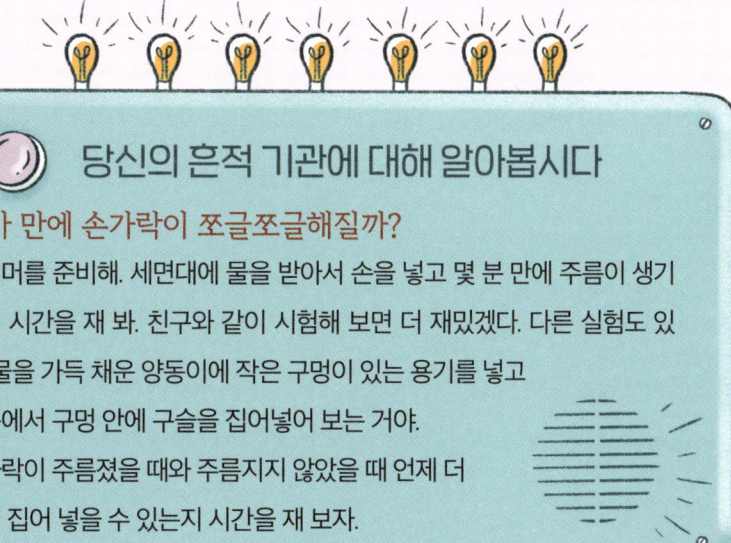

도전!

당신의 흔적 기관에 대해 알아봅시다

얼마 만에 손가락이 쪼글쪼글해질까?
타이머를 준비해. 세면대에 물을 받아서 손을 넣고 몇 분 만에 주름이 생기는지 시간을 재 봐. 친구와 같이 시험해 보면 더 재밌겠다. 다른 실험도 있어. 물을 가득 채운 양동이에 작은 구멍이 있는 용기를 넣고 물속에서 구멍 안에 구슬을 집어넣어 보는 거야.
손가락이 주름졌을 때와 주름지지 않았을 때 언제 더 빨리 집어 넣을 수 있는지 시간을 재 보자.

우리의 영웅, 딸꾹질

이크티오스테가 스텐시오이
Ichthyostega stensioei
3억 6500만 년 전 | 몸길이 1.5미터
이크티오스테가는 도롱뇽을 닮은 커다란 동물이야. 얕은 물에서 살았고, 허파와 아가미가 둘 다 있었어. 양서류, 파충류, 새, 포유류를 포함해서 땅에서 걷고 기었던 모든 뼈 있는 동물의 고대 조상, 또는 적어도 조상의 사촌일 거야.

딸꾹! 딸꾹질은 끈기가 정말 대단해. 우리 흔적 기관들의 영웅이지. 과학자들은 인간의 먼 조상이 물과 육지에서 모두 숨 쉴 수 있었던 때 딸꾹질이 시작되었다고 보고 있어. 무려 3억 5000만 년 전이지. 왜 대단한지 알겠지? 모두 일어나 딸꾹질에 박수를 보내길!

딸꾹질은 올챙이를 보고 쉽게 설명할 수 있어. 다들 알겠지만 올챙이는 개구리가 되기 전까지 물속에서 살아. 개구리보다는 통통한 물고기를 더 닮았지. 물고기처럼 물속에서 입으로 물을 빨아들이고 아가미를 통해 밖으로 내보내면서 숨을 쉬어. 올챙이가 자라서 다리가 나오면 그때부터 허파도 생겨. 그러면서 재밌는 일이 벌어지지. 아가미와 허파를 모두 가진 올챙이는 몸에 공기가 들어가는 관을 닫을 수 있어야 해. 그래야 아가미로 물을 내보낼 때 허파로 물이 들어가지 않거든.

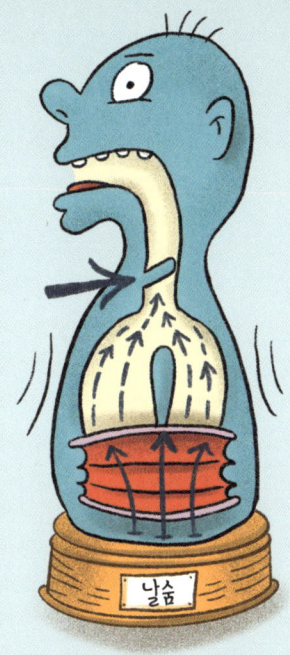

횡격막근이 경련을 일으키면서 허파가 급하게 공기를 빨아들여. 공기가 갑자기 들어오면서 목구멍의 덮개가 닫히지.

이때 잠시 숨을 들이마시지도 내쉬지도 못하는 상태가 되는데 그러면서 '딸꾹' 하는 소리가 나는 거야.

그러기 위해서 올챙이는 허파로 빠르게 숨을 들이마신 다음 목구멍을 확 쥐어짜서 닫아버려. 너희 조상들도 공기 중에서 하는 호흡과 물속에서의 호흡을 서로 바꿀 때 그렇게 했어. 이렇게 공기를 들이마시고 목구멍을 조이는 근육의 경련이 바로 딸꾹질이야.

왜 인간과 다른 포유류가 3억 5000만 년이 지난 지금도 딸꾹질 하는지는 아직 풀리지 않은 수수께끼야. 포유류 새끼가 엄마 젖을 빨아 먹는 법을 배울 때 딸꾹질이 도움이 된다고 말하는 과학자도 있어. 이유가 무엇이든 오랜 세월 살아남은 딸꾹질은 우리 흔적 기관의 영웅이야!

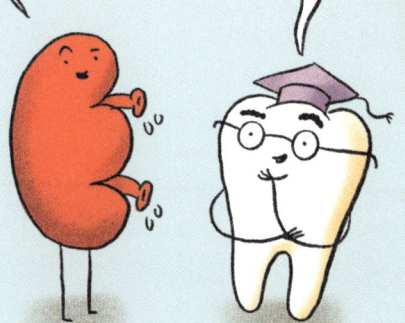

사람의 아기는 엄마 몸속에서 딸꾹질을 많이 해.

이제 사람은 물속에서 숨 쉬지 못하지만 딸꾹질은 사라지지 않았어. 뭔가 의미심장하지 않아?

당신의 흔적 기관에 대해 알아봅시다

딸꾹질이 싫다고?

딸꾹질을 멈출 수 있는 몇 가지 방법을 알려 줄게. 숨 멈추기, 종이 봉투에 대고 숨 내쉬기, 무릎을 가슴을 대고 바짝 끌어안기, 혀 잡아 당기기, 얼음물 마시기, 꿀 한 숟갈 퍼먹기, 레몬 빨아먹기. 이 중 한 가지는 성공하지 않을까?

사라진 콩팥

신사와 숙녀, 이빨과 발톱 여러분, 지금부터 내 기이한 모습에 대해 설명할게. 콩팥은 아주 대단하고 멋지고 없으면 안 되는 중요한 기관이라 너희들은 모두 콩팥을 두 개씩 갖고 태어났어. 이 두 개의 콩팥이 몸속 혈액을 하루에 40번씩 깨끗이 청소해 주지. 오물은 걸러내고 물만 통과시키는 거야. 염분이나 무기질은 잘 챙겨 두었다가 다시 사용하고. 이렇게 고생하는 기관이 없으면 인간은 죽고 말 거야.

하지만! 나는 그런 콩팥이 아니야.

원래 사람의 몸속에는 아기가 태어날 때 갖고 있는 두 개짜리 콩팥 말고 두 개의 콩팥이 더 있었어. 놀랐지?

앞에서 아기가 옥수수 알갱이 크기에서 인간이 되어가는 과정을 보여 줬어. 그리고 어떻게 몸의 다른 부위가 각각 정확히 때를 맞춰 만들어지는지도 이야기했지. 이제부터 내가 눈앞에서 자꾸만 사라진 놀라운 행동에 관해 말해 줄게.

옥수수 알갱이가 형성되고 나서 4주 후부터 시작된

우리는 너희들이 갖고 태어나는 콩팥처럼 복잡하지 않아. 그렇게 여러 가지 일을 하지도 못하고. 우리는 아주 오래전에 만들어졌다가 남은 것이지만 쓸모없지 않아! 우리도 애써서 일을 한다고. 우리에게도 콩팥의 성실함과 용기와 투지가 모두 있어. 우리는 인간의 아기가 엄마 배 안에서 평생 사용할 두 번째 콩팥을 만드는 동안 그 일을 대신해. 우리 고대 콩팥들이 비밀의 영웅이 되어 뒤에서 조용히 피를 청소하고 오물을 걸러내지 않는다면 아기는 그 아름답고 복잡한 인간의 콩팥을 영영 만들지 못할 거야. 하지만 이 두 번째 콩팥 세트가 완성되어 작동하기 시작하면 우리의 일은 끝나. 그래서 마법처럼 사라지지. 우리가 남기는 것은 볼프관과 난소위체라는 멋진 이름의 몇 가지 관이 전부야. 그게 우리의 영광스러운 과거를 기억하게 하지. 우리는 흔적 기관이지만 아주 중요하다고!

친구들아, 아쉽지만 이제 이상한 몸 박물관 관람을 마칠 때가 되었어. 어때, 다들 즐거웠니? 오늘 너희들이 본 것은 몸속에서 일어나는 기적 중 아주 작은 일부라는 것, 그리고 너희들의 특별한 조상 가운데 일부만 보았다는 걸 기억해 줬으면 좋겠구나. 우리가 배우고 탐구할 것들은 아직 많이 남아 있어!

나가는 길에 기념품점에 들러서 한번 훑어보고 마음에 드는 게 있으면 구매해 줘. 판매 금액은 흔적 기관과 박물관 운영을 위해 사용될 거야.

낱말 설명

아킬레스 힘줄
종아리 근육과 뒤꿈치를 연결하는 조직.

양서류
개구리, 영원, 도롱뇽을 포함하는 동물. 물속에서도 땅에서도 숨을 쉴 수 있다.

조상
좀 더 최근에 나온 생물이 유래한 더 오래된 생물.

빈혈
철분이 부족해서 생기는 혈액의 문제.

직립 보행
몸을 세워 두 발로 걷는 방법.

위장
배경과 섞여서 몸이 잘 보이지 않게 하는 변장.

꼬리뼈
인간과 일부 유인원의 척추 맨 밑에 흔적만 남은 뼈들이 붙어서 생긴 작은 삼각형의 뼈.

자손
더 오래된 생물에서 태어난 더 최근의 생물.

DNA(데옥시리보핵산)
생명체를 만드는 유전자의 구성물질. 세포 안에 저장되어 있다.

진화
생물이 단순한 형태에서 발달하고 변하는 과정.

화석
과거 지질시대에 살았던 생물의 신체 부위나 흔적이 바위에 묻혀 있는 것.

유전자
DNA 조각. 부모에서 자식으로 대물림되는 특징에 관한 정보를 운반한다.

유전자 변이
같은 종에서 보이는 개체 간의 차이.

아가미
물속에서 숨을 쉬기 위한 기관. 어류와 일부 양서류에서 발견된다.

호미닌
지금까지 세상에 존재했던 모든 인류와 인간을 닮은 조상들의 집단.

솜털
일부 갓난아기 몸에 덮여 있는 부드러운 털.

포유류
새끼를 낳고 젖을 먹이는 털 달린 동물.

젖니
어린 포유류가 사용하는 이빨. 영구치가 나오면 빠진다.

잃어버린 고리
화석 기록의 빈 자리. 조상과 그 자손이 어떻게 연결되는지 알려 주는 중간 형태의 화석을 말한다.

어금니
음식을 씹어먹을 때 사용하는 크고 평평한 치아.

돌연변이
DNA에 일어나는 변화.

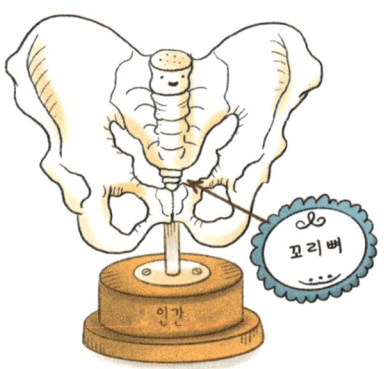

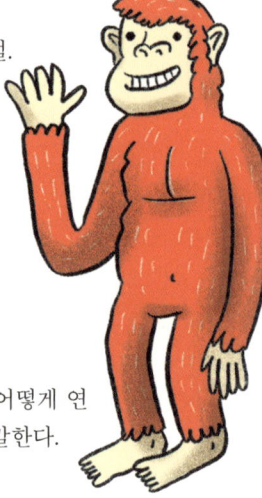

자연 선택
환경에 더 잘 적응한 생명체가 살아남아 더 많은 자손을 낳는 과정.

순막
동물의 안구를 보호하는 투명한 세 번째 눈꺼풀.

마주 보는 발가락
사람의 엄지손가락처럼 다른 발가락과 마주 댈 수 있는 엄지발가락. 물건을 붙잡을 수 있다.

의족
잃어버린 다리를 대체하는 인공 장치.

반사
특별한 사건이나 행동이 일어났을 때 몸에서 자동으로 나타내는 반응.

괴혈병
비타민 C를 충분히 섭취하지않을 때 발생하는 병.

성 선택
아름다운 깃털처럼 상대의 마음을 끄는 특징 때문에 짝을 선택하는 과정.

종
서로 교배하여 유전자를 교환하고 자기와 닮은 자손을 낳을 수 있는 생물 집단.

수각류
현재 살아 있는 모든 새와 과거에 멸종한 사나운 육식 공룡을 포함하는 고대 동물.

형질
생물의 유전자에 의해 조절되는 특징.

흔적 기관
지금은 퇴화하여 쓸모없어 보이지만 과거 조상의 몸에서 중요한 역할을 했던 신체 부위.

사랑니
제일 마지막에 나는 영구치. 잇몸의 맨 끝에 있는 세 번째 어금니이고 10대 후반이나 20대 초반에 자라기 시작한다.

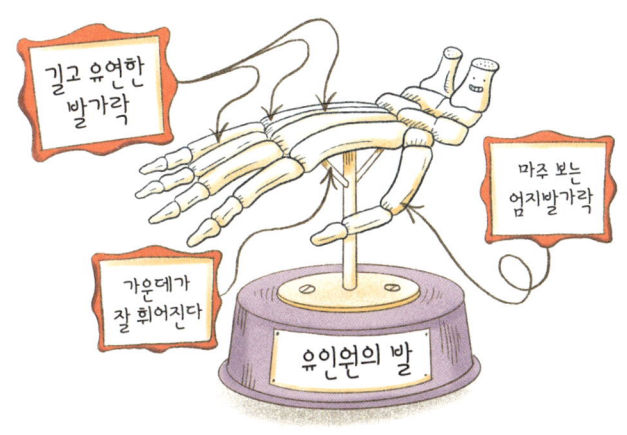

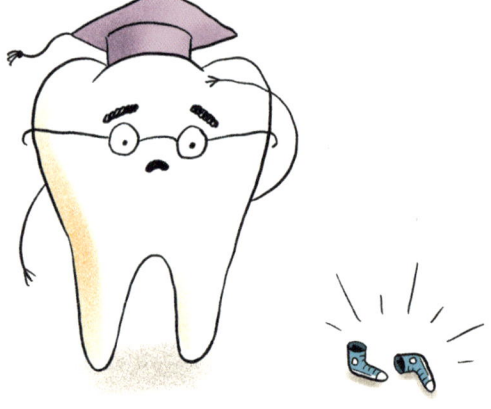

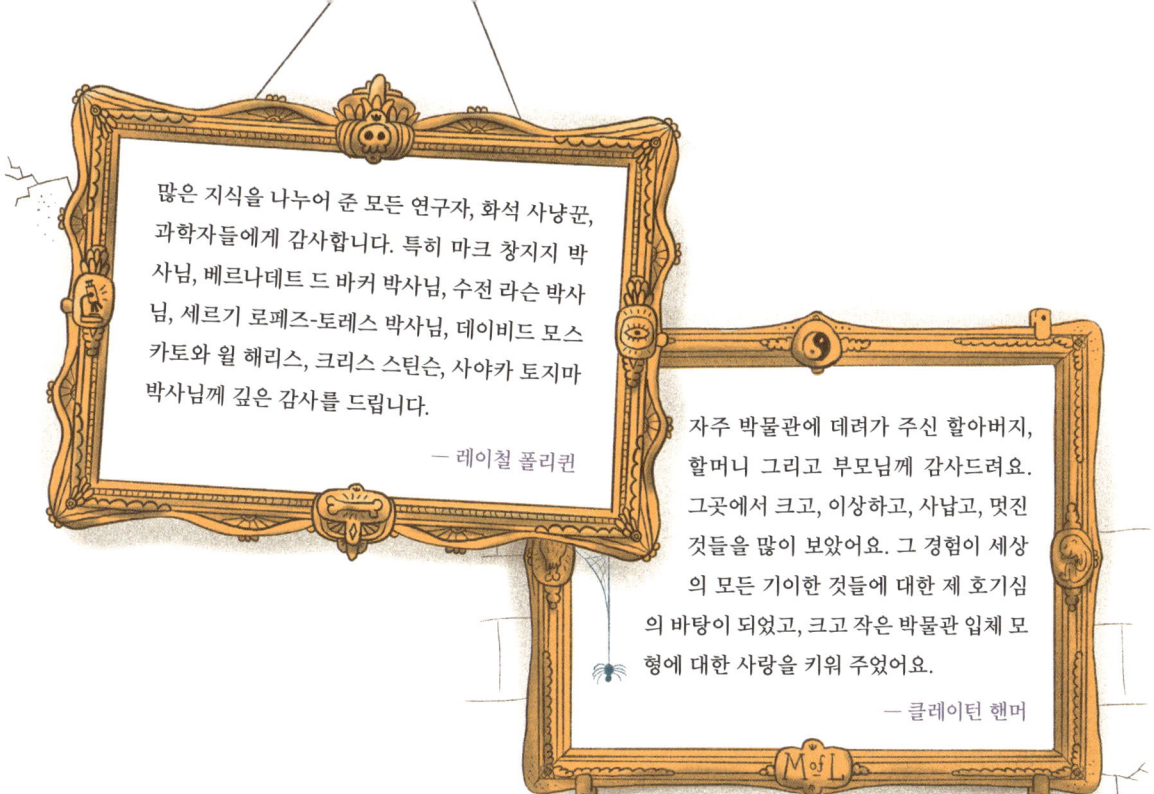

글 레이철 폴리퀸
아이들을 위해 글을 씁니다. 스탠포드 대학에서 석사 학위를, 브리티시컬럼비아대학에서 박사 학위를 받았으며, 미술관과 박물관에서 컬렉션 작업을 했습니다. 인간의 흔적 기관을 소개하는 그림책 《이상한 몸 박물관》을 썼으며, 이 밖에 지은 책으로 《하이에나와 하이 티를 즐기는 법》《바다에서 가장 이상한 것》 등이 있습니다. rachelpoliquin.com

그림 클레이턴 핸머
일러스트레이터이자 지도 제작자이고 세계 여행가이며 이색 동물 조련사입니다. 〈뉴욕 타임스〉와 〈내셔널지오그래픽 키즈〉에 이르기까지 다양한 분야에서 일을 했습니다. 《이상한 몸 박물관》을 비롯해 《거짓말에 대한 모든 것》《강아지 vs 최강 강아지》 등 다양한 그림책에 그림을 그렸습니다. claytonhanmer.com

옮김 조은영
서울대학교 생물학과를 졸업하고, 서울대학교 천연물과학대학원과 미국 조지아대학교 식물학과에서 공부했습니다. 어려운 과학책은 쉽게, 쉬운 과학책은 재미있게 옮기고 있습니다. 옮긴 책으로 《이상한 몸 박물관》《암컷들》《다른 몸을 위한 디자인》《생명의 태피스트리》《식물을 위한 변론》《우주의 바다로 간다면》《뛰는 사람》《한없이 가까운 세계와의 포옹》《코드 브레이커》《새들의 방식》《10퍼센트 인간》 등이 있습니다.

추천 이은희(하리하라)
연세대학교에서 생물학을, 동대학원에서 신경생물학을 공부한 뒤 고려대학교에서 과학언론학 박사 과정을 수료했습니다. '하리하라'라는 필명으로, 과학의 의미와 재미를 더 많은 이들에게 알리는 다양한 일을 하고 있습니다.

The Museum of Odd Body leftovers: A Tour of Your Useless Parts, Flaws, and Other Weird Bits
© text by Rachel Poliquin 2022
© illustrations by Clayton Hanmer 2022
First Published by Greystone Books Ltd.
343 Railway Street, Suite 302, Vancouver, B.C. V6A 1A4, Canada
All rights reserved.

Korean Translation Copyright © 2023 by Dongnyok Publishers
Korean edition is published by arrangement with Greystone Books Ltd. through The Choice Maker Korea Co.

이 책의 한국어판 저작권은 초이스메이커코리아를 통한 Greystone Books Ltd.와의 독점계약으로
도서출판 동녘에 있습니다. 저작권법에 의해 한국 내에서 보호를 받는 저작물이므로 무단 전재와 무단 복제를 금합니다.

이상한 몸 박물관
이토록 오싹하고 멋진 우리 몸에 오신 것을 환영합니다

초판 1쇄 펴낸날 2023년 8월 10일
초판 5쇄 펴낸날 2024년 12월 30일

지은이 레이철 폴리퀸	**편집** 이정신 이지원 김혜윤 홍주은
그린이 클레이턴 핸머	**디자인** 김태호
옮긴이 조은영	**마케팅** 임세현
펴낸이 이건복	**관리** 서숙희 이주원
펴낸곳 도서출판 동녘	

만든 사람들
편집 이지원 **디자인** 김태호

인쇄·제본 영신사 **라미네이팅** 북웨어 **종이** 한서지업사

등록 제311-1980-01호 1980년 3월 25일
주소 (10881) 경기도 파주시 회동길 77-26
전화 영업 031-955-3000 편집 031-955-3005 팩스 031-955-3009
홈페이지 www.dongnyok.com **전자우편** editor@dongnyok.com
페이스북·인스타그램 @dongnyokpub

ISBN 978-89-7297-096-5 (77400)

- 잘못 만들어진 책은 구입처에서 바꿔 드립니다.
- 책값은 뒤표지에 쓰여 있습니다.

과학이 동동 그림책은 알아 가는 기쁨을 담은 그림책을 소개합니다.
머릿속에서 동동 떠다니는 상상을 붙잡아 보세요!

제품명: 도서 제조자명: 도서출판 동녘 주소: (10881) 경기도 파주시 회동길 77-26 전화번호: (031) 955-3000
제조년월: 2023년 7월 제조국: 대한민국 사용연령: 7세 이상 주의사항: 책의 모서리가 날카로우니 다치지 않게 유의하세요.
KC 마크는 이 제품이 공통 안전기준에 적합하였음을 의미합니다.